→ Abschlussprüfung Mathematik

Sekundarstufe I
Berlin

Cornelsen
VOLK UND WISSEN

Autoren: Jutta Lorenz, Manuela Rohde, Marion Roscher, Hans-Ulrich Rübesamen, Stefan Schmidt, Andrea Stolpe, Christian Theuner

Redaktion: Berit Kroschel
Lösungen: Torsten Gebauer, Grit Buggert

Layout: Bärbel Simon
Grafik: Christine Wächter
Technische Umsetzung: Ralf Franz, Stürtz GmbH Berlin

Die Internetadressen und -dateien, die in diesem Lehrwerk angegeben sind,
wurden vor Drucklegung geprüft (Stand: Januar 2005).
Der Verlag übernimmt keine Gewähr für die Aktualität und den Inhalt dieser Adressen und
Dateien oder solcher, die mit ihnen verlinkt sind.

1. Auflage, 1. Druck 2005

© 2005 Cornelsen Verlag, Berlin

Das Werk und seine Teile sind urheberrechtlich geschützt.
Jede Nutzung in anderen als den gesetzlich zugelassenen Fällen bedarf der
vorherigen schriftlichen Einwilligung des Verlages.
Hinweis zu § 52 a UrhG: Weder das Werk noch seine Teile dürfen ohne eine
solche Einwilligung eingescannt und in ein Netzwerk eingestellt werden.
Dies gilt auch für Intranets von Schulen und sonstigen Bildungseinrichtungen.

Druck: Druckhaus Berlin-Mitte

ISBN 3-06-001112-5

Bestellnummer 11125

Gedruckt auf säurefreiem Papier,
umweltschonend hergestellt aus chlorfrei gebleichten Faserstoffen.

Inhaltsverzeichnis

Tipps zum Heft und zur Prüfungsvorbereitung 4

Prozent- und Zinsrechnung 6

Zahlen und Größen 8

Terme, Gleichungen und Ungleichungen 10

Gleichungssysteme 12

Lineare Funktionen und andere Zuordnungen 14

Quadratische Gleichungen 18

Potenzen, Wurzeln und Potenzfunktionen 20

Berechnungen an Dreiecken und Winkelfunktionen 24

Geometrie in der Ebene – Vielfältige Aufgaben 28

Geometrie im Raum 32

Umgang mit graphischen Darstellungen 36

Allgemeine Hinweise zu Prüfungen 39

Trainingsplan für die Prüfungsvorbereitung 40

4 Tipps zum Heft und zur Prüfungsvorbereitung

Wie hilft das Heft bei der Prüfungsvorbereitung?

Ein Sportler wird ohne Training kaum bei einem Wettkampf erfolgreich sein. Er wird deshalb zuvor vor allem das üben, was für seine Sportart und den bevorstehenden Wettkampf wichtig ist. Für den Erfolg wird er sich über einen längeren Zeitraum kontinuierlich vorbereiten.
Die Mathematikprüfung am Ende der Jahrgangsstufe 10 ist vergleichbar mit einer Landesmeisterschaft im Sport. Das vorliegende Heft soll mit seinen vielseitigen Aufgaben ein Trainer dafür sein.

Prüfungsvorbereitung heißt: Es sind bereits behandelte Inhalte, Methoden und Ähnliches zu wiederholen.
Das vorliegende Heft unterstützt dies, in dem es vielfältige einfache und komplexere Übungsaufgaben zu jedem wesentlichen Schwerpunkt der Prüfungsvorbereitung anbietet in Verbindung mit konkreten Anregungen zum Arbeiten mit dem Tafelwerk (der Formelsammlung) und auch dem Taschenrechner.

Das Tafelwerk wird gezielt mit zur Reaktivierung von Wissen und Können einbezogen. Es gibt einerseits demzufolge im Heft keine „neuen" Erarbeitungsangebote und Ähnliches, andererseits hat sich in der Praxis oft gezeigt, dass derartige kurze Zusammenstellungen Schülerinnen und Schülern nicht helfen, ihre Probleme zu überwinden, sondern bei für sie neuartigen Darstellungsansätzen, Lösungswegen, … Verwirrung stiften und Hilflosigkeit erzeugen.
Im Unterricht bereits verwendete Materialien sollten auch deshalb bei der Prüfungsvorbereitung genutzt werden.

Zum ausgiebigen Nacharbeiten enthält jeder Schwerpunkt einen Hinweis auf die entsprechenden Seiten im Nachschlagewerk „Mathematik in Übersichten".
Zwei Beispielseiten aus diesem Buch befinden sich hinten auf dem Umschlag.

Bei der Zusammenstellung der Inhalte dieses Heftes wurden die Vorgaben des aktuellen Berliner Rahmenplans und die Vereinbarungen über den Mittleren Schulabschluss am Ende der Jahrgangsstufe 10 berücksichtigt. Ein Blick auf das Inhaltsverzeichnis zeigt, dass das Arbeitsheft Aufgaben zu allen mathematischen Leitideen enthält und diese in gut überschaubaren Einheiten anbietet:
- Zahl
- Messen
- Raum und Form
- Funktionaler Zusammenhang
- Daten und Zufall

Die Prozentrechnung steht auf den ersten Blick nicht direkt mit der obigen Aufzählung in Verbindung. Jedoch für die Bearbeitung prüfungstypischer Teilaufgaben wird sie vermutlich in jeder Prüfung gebraucht werden.

Die Aufgaben zur Prüfungsvorbereitung sind so zusammengestellt worden, dass es günstig, aber nicht zwingend notwendig ist, sie der Reihe nach durchzuarbeiten.
Es wird jeweils Grundlegendes aufgezeigt und im Anschluss daran werden nach dem Schwierigkeitsgrad sortierte komplexere Übungsaufgaben angeboten.
Der Trainingsplan am Ende des Heftes hilft bei der individuellen Organisation der Prüfungsvorbereitung.

Die Übungsaufgaben sind jeweils einem thematischen Schwerpunkt zugeordnet worden. Wie auch in zahlreichen Prüfungsaufgaben gehen Teilaufgaben über den jeweiligen Schwerpunkt hinaus.
Es ist zu beachten, dass die Abbildungen, wenn nichts anderes vermerkt ist, nicht maßstabsgetreu sind.

Die Multiple-Choice-Tests zu den Grundfertigkeiten dienen vorrangig einerseits der Einstimmung in einen thematischen Schwerpunkt und andererseits der Beurteilung wie gut die individuellen Voraussetzungen zur Bearbeitung komplexerer Aufgaben sind.
Es ist, wie gewohnt, in den Kästchen anzukreuzen. Eine Aufgabe gilt nur dann als richtig gelöst, wenn alle richtigen Lösungen markiert wurden.

Das beiliegende Lösungsheft ermöglicht eine rasche Kontrolle der Ergebnisse bei allen Aufgaben und die Beurteilung des derzeitigen Leistungsstandes.
Natürlich kann es auch als Hilfe beim Bearbeiten von Aufgaben eingesetzt werden.

Ein Vergleich der Themen dieses Heftes mit den Inhaltsverzeichnissen der Lehrbücher für Klasse 9 und 10 zeigt, dass das Heft nicht nur ausschließlich zur direkten Prüfungsvorbereitung geeignet ist.

Aufgabenbeispiele zu den bevorstehenden Prüfungen am Ende der Jahrgangsstufe 10 bzw. den Vergleichsarbeiten und weitere aktuelle Informationen dazu sind im Internet unter www.lisum.de zu finden.
Wer auf dieser Seite im Feld „Suchen und Finden" das Wort „Mathematik" eingibt, bekommt Links zu Aufgabenbeispielen angeboten.

Was hilft bei der Prüfungsvorbereitung? Und in der Prüfung?

Alle Übungsaufgaben sollten von Anfang an mit dem in der Schule verwendeten Tafelwerk (der Formelsammlung) und dem Taschenrechner bearbeitet werden. Weitere Materialien und Hilfsmittel sollten ebenfalls den in der Prüfung verwendeten entsprechen. Dies gibt Sicherheit und spart Zeit in der Prüfung.

Checkliste der Materialien zur Prüfungsvorbereitung

☐ Taschenrechner (nicht programmierbar, nicht grafikfähig)
☐ Tafelwerk (die in der Schule verwendete Formelsammlung)
☐ Duden (Auch die Rechtschreibung muss stimmen.)
☐ Zeichengeräte (Geodreieck, Kurvenschablonen, Zirkel, ...)
☐ Schreibzeug
☐ kariertes und weißes Papier sowie Millimeterpapier

> Derartige Materialien können auch in der Prüfung benutzt werden.

☐ eigene Aufzeichnungen bzw. Lehrbücher und
☐ Mathematik in Übersichten (zum Nacharbeiten)

> Diese Materialien dürfen natürlich in der Prüfung nicht verwendet werden.

Ein frühzeitiger Beginn der Prüfungsvorbereitung bringt mehr Erfolg als große Brocken auf einmal bewältigen zu wollen. Der Terminplaner auf Seite 40 hilft bei der Zeiteinteilung.
Mehr Spaß macht die Prüfungsvorbereitung, wenn man mit einem Freund oder einer Freundin zusammen arbeitet und sich gegenseitig hilft. Oft ist man dadurch auch erfolgreicher.

Fünf Hinweise zur Verwendung des Tafelwerks und des Taschenrechners

- Verschaffe dir zunächst einen Überblick über den Aufbau des Tafelwerks, wenn du damit bisher kaum gearbeitet hast. Suche dazu zu jedem Schwerpunkt die passenden Seiten im Tafelwerk.
- Schlage während der Prüfungsvorbereitung möglichst Formeln nur in dem in der Schule verwendeten Tafelwerk nach. Merke dir, an welchen Stellen wichtige Formeln zu finden sind.

- Verwende möglichst bei der Prüfungsvorbereitung und in der Prüfung nur den Taschenrechner, den du bisher im Mathematikunterricht genutzt hast.
- Nutze den Speicher, um Eingabefehler und Rundungsfehler zu vermeiden. Dies spart auch Zeit.
- Überschlage jedes Ergebnis im Kopf.

Fünf Tipps zur Bearbeitung der Text- und Sachaufgaben

- Lies den Text in Ruhe bevor du mit der Bearbeitung der Aufgabe beginnst.
- Zeichne Skizzen. Diese sind besonders hilfreich, wenn du auf Schwierigkeiten stößt. Markiere farbig die gegebenen und gesuchten Angaben.
  Bei zahlreichen Aufgaben sieht man so schnell den vorher verzweifelt gesuchten Lösungsansatz.
  Ein „Schmierzettel" hat sich bei der Suche nach dem Ansatz oft bewährt.
- Schreibe bei den Rechnungen die Einheiten mit auf. So kannst du Flüchtigkeitsfehler vermeiden und später gegebenenfalls schneller deinen Lösungsweg nachvollziehen und Fehler finden.
  Führe jeweils einen Überschlag durch.

- Überprüfe, ob die Ergebnisse deiner Rechnungen zu den Aufgaben und Aufgabenstellungen passen. Überdenke, ob sie praktisch bzw. innermathematisch sinnvoll sind.
  Schreibe gegebenenfalls einen kurzen Kommentar.
- Notiere die Lösungswege so wie es im Mathematikunterricht in der Regel geübt wurde.
  Diese Form wird in der Abschlussprüfung bzw. Vergleichsarbeit (wie auch in den Klassenarbeiten) von dir erwartet.

6 Prozent- und Zinsrechnung

Prozentangaben werden häufig genutzt um Verteilungen oder Anteile anzugeben. Kenntnisse zur Prozentrechnung sind dadurch in vielen Zusammenhängen anzuwenden. Zahlreiche dieser Aufgaben lassen sich schnell mithilfe der Grundgleichung der Prozentrechnung bzw. der Zinsrechnung aus dem Tafelwerk und des Taschenrechners lösen.

Teste deine Grundfertigkeiten

1. Notiere die entsprechenden Brüche. Nutze gegebenenfalls das Tafelwerk.

   A 1 % = —— B 100 % = ——

   C 20 % = —— D 75 % = ——

2. In welchen Abbildungen sind 25 % blau gekennzeichnet?

   A   B

   C   D

3. Notiere die Grundgleichung der Prozentrechnung. Nutze gegebenenfalls das Tafelwerk.

   _____

   Welche der folgenden Angaben kann man damit bestimmen?

   A Prozentwerte   B Grundwerte
   C Prozentsätze   D Zinseszinsen

4. Wie viel Prozent sind 35 kg von 700 kg?

   A 0,5 %   B 5 kg
   C 5 %   D 50 %

5. Welche Ausdrücke passen zur Antwort: 75 m?

   A 5 % von 1500 m   B 20 % von 375 m
   C $\frac{1}{5}$ von 300 m   D 120 % sind 90 m

6. Von 125 Kugellagern wurden bei einer Qualitätskontrolle 7 Lager beanstandet. Berechne den Ausschuss in Prozent.

   A 0,056 %   B 0,56 %
   C 5,600 %   D 56 %

7. Für ein Kapital von 1250 € erhält Ines nach einem Jahr 87,50 € Zinsen. Wie hoch ist der Zinssatz?

   A 3,5 %   B 1,7 %
   C 7 %   D 0,7 %

8. Bei einem Ausverkauf werden alle Preise um 15 % gesenkt. Wie teuer war eine Hose, für die man jetzt nur noch 46,75 € bezahlen muss?

   A 39,74 €   B 61,75 €
   C 53,76 €   D 55,00 €

9. Konrad hatte eine Sondermünze für 5 € gekauft. Nach einem Jahr hat er sie für 12 € an einen Sammler verkauft. Wie hoch war sein prozentualer Gewinn?

   A 140 %   B 240 %
   C 41,6 % D 71,4 %

10. Die Kantenlänge eines Würfels wird verdoppelt. Auf das Wievielfache vergrößert sich sein Volumen?

    A 200 %   B 400 %
    C 600 %   D 800 %

11. Welche der blau angegebenen Ergebnisse sind richtig?

	Kapital	Zinssatz	Anlagezeit	Zinsen
A	2880,00 €	5 % p. a.	50 Tage	20,00 €
B	160,00 €	1,8 % p. a.	3 Monate	7,20 €
C	576,00 €	1,5 % p. a.	3 Jahre	25,92 €
D	495,75 €	2 % p. a.	9 Monate	7,44 €

---

9 bis 11 Aufgaben sind richtig. Deine Grundfertigkeiten sind gut.
7 bis 8 Aufgaben sind richtig. Deine Grundfertigkeiten sind befriedigend.
Weniger als 7 Aufgaben sind richtig. Deine Grundfertigkeiten sind noch nicht ausreichend.

Literaturhinweis: Mathematik in Übersichten S. 65 ff. und S. 71 ff.

Trainiere an komplexeren Aufgaben

Aufgabe 1

Im Jahr 2003 wurden in der Bundesrepublik Deutschland insgesamt ca. 460 000 Personen durch Unfälle im Straßenverkehr verletzt. Im Kreisdiagramm wird veranschaulicht womit bzw. wie sie unterwegs waren.

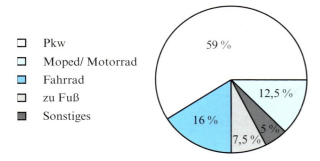

- Pkw
- Moped/ Motorrad
- Fahrrad
- zu Fuß
- Sonstiges

a) Wie viele Fahrradfahrer wurden 2003 im Straßenverkehr verletzt?
b) Auch das Alter der verletzten Insassen von Pkws wurde bei dieser statistischen Erhebung erfasst.
Etwa 8 % von ihnen waren Kinder unter 15 Jahren.
Wie viele Kinder unter 15 Jahren waren das?

Aufgabe 2

Der Preis einer Packung neuer DVD-Rohlinge wurde von 7,50 € auf 7,75 € erhöht.
Bei Abnahme von 20 Packungen erhält man einen Rabatt von 3,5 %.

a) Um wie viel Prozent wurde der Preis einer Packung erhöht?
b) Wie viel Euro Rabatt erhält der Kunde beim Kauf von 20 Packungen?
c) Um wie viel Prozent hat sich der Preis für 20 Packungen neuer DVD-Rohlinge insgesamt verändert?
Berücksichtige bei der Berechnung auch den neu eingeführten Mengenrabatt.

Aufgabe 3

Herr Graubert möchte eine TV-Einrichtung mit LCD-Fernseher und Heimkino-System zum Preis von 5800 Euro mit 15 % Rabatt kaufen. Da Herr Graubert zur Zeit nicht genügend Bargeld besitzt, überzieht er sein Girokonto mit einem Dispositionskredit für 20 Tage um 4320 Euro.
Die Bank verlangt für den Dispositionskredit 18 % Zinsen pro Jahr.

a) Wie hoch sind die Überziehungszinsen?
b) Wie viel Euro spart Herr Graubert durch den gewährten Rabatt?
c) Berechne wie viel Prozent des Verkaufspreises er insgesamt spart.

Aufgabe 4

Der Familienbetrieb Janke plant die Anschaffung eines Autos im Wert von 12 000,00 €.
Dieses Auto wird für drei Jahre benötigt. Es stehen für diesen Zeitraum drei Finanzierungsmodelle zur Wahl.
Wie viel Euro würde das Auto den Familienbetrieb insgesamt jeweils am Ende der drei Jahre gekostet haben?
Berücksichtige sowohl den Kaufpreis als auch den angestrebten Wiederverkaufspreis.

a) Angebot A:
Kreditkauf mit einer Anzahlung von 30 % des Kaufpreises, 36 Raten zu je 270,00 € und ein nach 3 Jahren vereinbarter Wiederverkauf für 5500,00 €
b) Angebot B:
Barkauf mit 2 % Skonto und ein nach 3 Jahren angestrebter Wiederverkauf für 5500,00 €
c) Angebot C:
Leasing für 3 Jahre mit Zahlung von 40 % des Kaufpreises und 36 Zahlungen zu je 110,00 €
d) Familie Janke möchte aufgrund finanzieller Engpässe im ersten Jahr möglichst wenig Geld für das Auto ausgeben.
Welches Angebot ist dann empfehlenswert?

8 Zahlen und Größen

Jede Größenangabe besteht aus Zahlenwert und Einheit. Man verwendet vor allem SI-Einheiten wie z. B. Meter. SI steht für internationales Einheitensystem. Jede Länge – Erdumfang, Dicke eines Haars, ... – kann damit in Verbindung mit einer Zahl angegeben werden. Zahlen werden bekanntlich aber auch ohne direkten Bezug zu Einheiten verwendet.

Teste deine Grundfertigkeiten

1. Bei welchen Einheiten verwendet man folgende Vorsätze:
   Kilo... für Tausend;
   Dezi... für Zehntel und
   Milli... für Tausendstel.

   A Meter   B Tonne
   C Stunde D Gramm

2. Markiere die wahren Aussagen.

   a)
   A $4\,kg = 4000\,g$ B $0{,}75\,m = 750\,mm$
   C $65{,}2\,dt = 6{,}25\,t$ D $400\,cm^2 = 4\,m^2$

   b)
   A $1{,}4 \cdot 10^3\,g = 1{,}4\,kg$ B $1{,}7 \cdot 10^3\,kg = 1\,700\,kg$
   C $6 \cdot 10^6\,mm = 6\,km$ D $1{,}5 \cdot 10^{-3}\,m = 1\,500\,mm$

3. Runde auf Hundertstel.

   A $9{,}789\,kg \approx 9{,}79\,kg$ B $7{,}985° \approx 7{,}98°$
   C $0{,}999\,m^2 \approx 1{,}00\,m^2$ D $6{,}809\,t \approx 6{,}80\,t$

4. Rechne um und runde auf Einer.

   A $31\,899\,mm \approx 31\,m$ B $6789\,s \approx 19\,h$
   C $8\,700\,h \approx 1$ Jahr   D $6789\,l \approx 70\,hl$

5. Markiere die wahren Aussagen.
   Nutze gegebenenfalls das Tafelwerk.

   A Hekto ≙ 100   B Mikro ≙ 10^{-6}
   C $60' = 1°$ D $1\tfrac{1}{2}$ Pfund $= 1{,}5\,kg$

6. Schätze, wie groß die Fläche ist, die man mit den Seiten dieses Hefts (ohne Umschlag) auslegen kann.

   A ca. $12\,500\,cm^2$ B ca. $12{,}47\,m^2$
   C ca. $25\,000\,cm^2$ D ca. $0{,}25\,ha$

7. Schreibe alle gemeinsamen Teiler von 40 und 36 auf.

   _____

8. Schätze, wie viele Vögel zu sehen sind.

   A ca. 120 Vögel   B ca. 580 Vögel
   C ca. 200 Vögel   D ca. 700 Vögel

9. Wie viele verschiedene dreistellige natürliche Zahlen kann man mit den Ziffern 5, 7 und 9 bilden, wenn jede nur einmal verwendet werden darf.

   A 2   B 4
   C 6   D 8

10. Welche Aussagen sind wahr?

    A $\pi \approx 1{,}34$ B $2{,}\overline{9} = 3$
    C $7\tfrac{2}{3} \approx 7{,}67$ D $8{,}5 = \tfrac{85}{100} = \tfrac{17}{20} = 0{,}85$

11. Ergänze die Symbole der Zahlbereiche:
    ℕ (natürliche Zahlen), ℤ (ganze Zahlen),
    ℚ (rationale Zahle), ℝ (reelle Zahlen).

    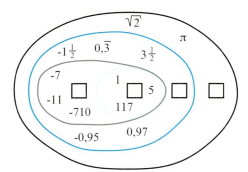

---

9 bis 11 Aufgaben sind richtig. Deine Grundfertigkeiten sind gut.
7 bis 8 Aufgaben sind richtig. Deine Grundfertigkeiten sind befriedigend.
Weniger als 7 Aufgaben sind richtig. Deine Grundfertigkeiten sind noch nicht ausreichend.

Literaturhinweis: Mathematik in Übersichten S. 5 f., S. 9 ff., 15 ff., 24 ff. und S. 29 ff.

Zahlen und Größen

Trainiere an komplexeren Aufgaben

Aufgabe 1

Löse die folgenden Aufgaben. Nimm gegebenenfalls das Tafelwerk zu Hilfe.

a) Ordne nach Größenangaben mit Einheiten der Zeit, der Masse, des Geldes, der Länge, der Fläche und des Volumens.
   Rechne jeweils in die nächstgrößere Einheit um.

   20 dm;   6 h;   780 m;
   280 cm³;   4 s;   200 g;
   60 000 ct;   5,8 dt;   100 cm;
   1800 cm²;   25 ml;   25 min;
   95 mg;   540 mm;   4 a;
   7,85 mm³;   78 000 Pfennige

b) Ordne nach der Größe. Beginne mit dem Kleinsten.

   0,5 s; $\frac{3}{4}$ min; 40 s; $\frac{3}{4}$ Jahr; 8 Monate, $\frac{3}{4}$ h; 50 Wochen

c) Setze passende Größenangaben aus Teilaufgabe a) ein.
   - Die durchschnittliche Zeit zwischen zwei Atemzügen bei Menschen beträgt etwa …
   - Die Masse dieses Arbeitsheftes mit beigelegten Lösungen beträgt etwa …
   - Wenn zwei bis drei Schachteln pro Woche geraucht werden, betragen die Kosten für Zigaretten im Jahr etwa …
   - Viele Türen von Wohnräumen sind etwa … hoch.
   - Für die Herstellung eines Fußballs werden mindestens … Leder benötigt.
   - Fast jeder besitzt eine große Tassen mit einem Volumen von etwa …

Aufgabe 2

Ordne nach der Größe. Beginne mit dem Term, der den kleinsten Wert hat.

a) $\frac{1}{3}$; $1\frac{1}{5}$; $\frac{3}{2}$; 1,5; 0,3; $1,\overline{5}$; $1,\overline{3}$

b) 3^2; 2^3; 3^0; 3^{-1}; 3^{-2}; 2^{-3}; 2,3; 3,2

c) $3\frac{2}{5}$; -4; $-0,85$; $-\pi$; $\sqrt{2}$; $3,3 \cdot 10^{-3}$

d) $3 \cdot 10^{-2}$; 0,33; $\sqrt[3]{27}$; $3 \cdot 10^2$; $\sqrt{27}$

e) 0,74 dm²; 24 dm²; 0,02 m²; $\frac{1}{2}$ m²; 8,13 dm²

Aufgabe 3

Bestimme jeweils das Ergebnis in der vorgegebenen Einheit.

a) 0,7 kg + 275 g + 3000 mg = _____ g

b) 0,4 km + 36 m − 15 cm = _____ m

c) Faultier: 0,146 $\frac{km}{h}$ ≈ _____ $\frac{m}{s}$

d) 65 000 000 km · 360 = _____ · 10^{10} km

e) $2,3 \cdot 10^{-2}$ m − $1,2 \cdot 10^3$ m + $1,6 \cdot 10^5$ mm = _____ m

f) 0,000 32 t : $8 \cdot 10^4$ = _____ t

Aufgabe 4

Beurteile folgende Aussagen.

a) Zwischen 98 und 79 liegen genau 19 natürliche Zahlen.
b) 9 ist Teiler von 129, weil 9 die letzte Ziffer von 129 ist.
c) Wenn eine Zahl durch 15 teilbar ist, so ist sie auch durch 3 und 5 teilbar.
d) Treffen sich zum Training zwei Gruppen mit jeweils einer ungeraden Anzahl an Personen, so kann stets paarweise trainiert werden.
e) Wenn der Zähler eines Bruchs kleiner als sein Nenner ist, dann ist der Wert des Bruchs kleiner als 1.
f) Es gibt genau drei Primzahlen, die kleiner als 10 sind.
g) Es gibt Zahlen, die man nicht als Bruch aufschreiben kann.
h) Zwei Zahlen haben den gleichen Betrag, wenn sie auf der Zahlengeraden den gleichen Abstand zur Null haben.
i) Weil Tina schneller als Toni ist und Toni langsamer als Tanja ist, ist Tanja langsamer als Tina.

10 Terme, Gleichungen und Ungleichungen

Zahlreiche Sachverhalte lassen sich mithilfe von Termen, Gleichungen und Ungleichungen ausdrücken. Beim Lösen von fast jeder Mathematikaufgabe wird bewusst oder unbewusst damit gearbeitet. Wiederhole deshalb bewusst die Regeln für Termumformungen und die äquivalenten Umformungen für das Lösen von Gleichungen.

Teste deine Grundfertigkeiten

1. Berechne den Wert des folgenden Terms:
   $\frac{4,8}{6 \cdot 2,2} - 1,2$.
   Runde das Ergebnis auf Hundertstel.

A	0,56	B	–0,84
C	0,83	D	–0,83

2. Welchen Wert nimmt der folgende Term:
   $\frac{(a+b) \cdot \sqrt{c}}{a \cdot (b+c)}$
   für $a = 3,75$; $b = -5$ und $c = 4,89$ an?

A	19,51	B	–15,05
C	6,70	D	–6,80

3. Welche der folgenden Ausdrücke kann man zur Bestimmung des Umfanges u einer Seite dieses Heftes nutzen?

A	$u = 2(a+b)$	B	$u = a + a + b + b$
C	$u = 2 \cdot 21 + 2 \cdot 29,7$	D	$u = 21 \cdot 29,7$

4. Welches sind gleichwertige Terme zum Ausdruck: Die Differenz der Quadrate der Zahlen a und b?

A	$(a-b)^2$	B	$(a-b)(a+b)$
C	$a^2 : b^2$	D	$a^2 - b^2$

5. Notiere die binomischen Formeln. Nutze gegebenenfalls das Tafelwerk.

   (1) _____

   (2) _____

   (3) _____

6. Welche Vereinfachungen sind richtig?

A	$\frac{8}{7}b + \frac{5}{7} - \frac{8}{7}$ $= \frac{5}{7}$	B	$\frac{6a - 81}{3}$ $= 2a - 27$
C	$e + ef - 8e$ $= ef - 7e$	D	$-9(3 + x)$ $= -27 - 9x$

7. Welche Umformungen sind richtig?

A	$14(a + 14)$ $= 14a + 196$	B	$-7x(x - 14)$ $= -7x^2 - 98x$
C	$6b^2 + 18b$ $= 6b(1 + 3)$	D	$z^2 - 6z + 9$ $= (z - 3)^2$

8. Stelle die Gleichung: $u = 2(a + b)$ nach b um.

A	$b = 2u - a$	B	$b = \frac{u}{2a}$
C	$b = (u - 2a) : 2$	D	$b = 2 \cdot a - u$

9. Welche der Gleichungen wurden äquivalent umgeformt?

A	$2x - 4 = x + 2$ $3x - 4 = 2$	B	$x - 7 = 3x + 2$ $2x = -9$
C	$\frac{2a}{b} = \frac{c}{4}$ $c = \frac{8a}{b}$	D	$(6z + 5)^2 = \frac{72}{2} z^2$ $12z = 25$

10. Welche der gegebenen reellen Zahlen sind Lösung der folgenden Gleichung? Führe jeweils mithilfe des Taschenrechners die Probe durch.
    $5x - x(2 - x) = x^2 - 2x - 10$

A	$x = 2$	B	$x = 0,8$
C	$x = -2$	D	$x = 0,2$

11. Welche der folgenden Ungleichungen sind zu: $-3x < 21$ äquivalent?

A	$3x < -21$	B	$3x > -21$
C	$x > -7$	D	$x < -7$

12. Gib alle natürlichen Zahlen an, die Lösungen der folgenden Ungleichung sind:
    $24(2 - 3x) > 8(3 - 2x) + 8$.

A	$L = \mathbb{N}$	B	$L = \{\}$
C	$L = \{0\}$	D	$L = \{-1; 0\}$

---

10 bis 12 Aufgaben sind richtig. Deine Grundfertigkeiten sind gut.
7 bis 9 Aufgaben sind richtig. Deine Grundfertigkeiten sind befriedigend.
Weniger als 7 Aufgaben sind richtig. Deine Grundfertigkeiten sind noch nicht ausreichend.

Literaturhinweis: Mathematik in Übersichten S. 39 ff. und S. 50 ff.

Terme, Gleichungen und Ungleichungen

Trainiere an komplexeren Aufgaben

Aufgabe 1

Löse die folgenden Aufgaben.

a) Vereinfache die Terme so weit wie möglich.
  (1) $87 - 13t^2 + 4t - 8t^3 - 8 + 13t^2$
  (2) $\frac{7a}{15} - \frac{3a}{5} - \frac{4s}{3}$
  (3) $(6d - 2e)^2 + 5x(4 + 3x)$

b) Für welche reellen Zahlen sind die Terme nicht definiert?
  (1) $\frac{1}{2a - 6}$
  (2) $\frac{20 - 5b}{3 + b}$

c) Löse. Beachte jeweils den Grundbereich.
  (1) $6 + a : 8 = 10; a \in \mathbb{N}$
  (2) $\frac{b-9}{3} + 5b = 2b; b \in \mathbb{Z}$
  (3) $6 - 5c = c + 8; c \in \mathbb{Q}$
  (4) $(d-2)(d+2) < 5; d \in \mathbb{R}$
  (5) $5 \cdot (0,5x - 1) - 6 \cdot (0,5 - 2x) - 10x + 17 = 0; x \in \mathbb{Z}$

d) Stelle die Gleichungen nach r um.
  (1) $\frac{a}{3r} = \frac{b}{c}; a, b, c, r \in \mathbb{R}$ und $b, c, r \neq 0$
  (2) $V = \frac{4}{3}\pi r^3; r \geq 0; r \in \mathbb{R}$

Aufgabe 2

Löse die folgenden Sachaufgaben. Stelle dazu entsprechende Terme, Gleichungen oder Ungleichungen auf.

a) Wie viele Dosen zu je 300 g kann man in ein Paket packen, das maximal 12 kg wiegen soll? Die Verpackung (das leere Paket) hat eine Masse von einem halben Kilogramm.

b) Aus einem Schmelztiegel mit flüssigem Aluminium werden 60 Aluminiumwürfel mit einer Masse von je 20 g gegossen. Wie viele Würfel zu je 15 g könnten aus derselben Menge Aluminium entstehen?

c) Die Basis eines gleichschenkligen Dreiecks ist 4 cm lang. Gib an, wie lang die Schenkel sein können, wenn der Umfang des Dreiecks 15 cm nicht überschreitet.

d) Ein Lederball hat einen Durchmesser von 20 cm. Für die Anfertigung müssen 25 % mehr Material für Nähte und Verschnitt bereitgestellt werden, als der Oberflächeninhalt der Kugel beträgt. Wie viel Quadratmeter Leder werden für die Herstellung eines Balls benötigt?

Aufgabe 3

Gegeben sind folgende Gleichung bzw. Ungleichung:

(1) $\frac{12}{10x - 4} = \frac{14}{6x - 16}; x \neq \frac{2}{5}$ und $x \neq \frac{8}{3}, x \in \mathbb{Z}$

und

(2) $(4x + 6)(x - 4) + 48 > 4x(x + 3) - (14x - 2); x \in \mathbb{R}$.

a) Löse die Gleichung bzw. Ungleichung. Gib die Lösungsmengen an.
b) Untersuche jeweils, ob $x = -2$ und $x = 3{,}2$ Lösungen sind.
c) Veranschauliche die Lösungen auf Zahlengeraden.
d) Gib alle natürlichen Zahlen an, die die Gleichung bzw. Ungleichung erfüllen.

Aufgabe 4

Damit eine Baufirma die Bodenplatten für 16 Einfamilienhäuser herstellen kann, beauftragt sie ein Mischwerk mit der Lieferung von Beton. Jede quaderförmige Bodenplatte soll 11,40 m lang, 9,80 m breit und 30 cm hoch werden. Der Beton soll mit 12 Spezialfahrzeugen, von denen jedes 5 m³ Beton transportieren kann, erfolgen.

a) Wie viel Kubikmeter Beton werden insgesamt für die Fertigung der Bodenplatten benötigt?
b) Wie oft muss jedes Fahrzeug fahren, damit der gesamte Beton auf der Baustelle zur Verfügung steht?
c) Bereits vor der ersten Fahrt werden drei Fahrzeuge zu einer anderen Baustelle abgezogen. Wie oft müssen die noch einsatzfähigen Fahrzeuge fahren, um den Auftrag erledigen zu können?

12 Gleichungssysteme

Oft können Sachverhalte durch eine lineare Gleichungen mit zwei Variablen beschrieben werden. Hat beispielsweise ein Rechteck einen Umfang von 20 cm, gilt für die Seiten a und b: $2a + 2b = 20$ cm. Es gibt mehrere Lösungen.
Soll zusätzlich der Flächeninhalt 24 cm² betragen, gilt: $a \cdot b = 24$ cm². Dann muss ein Gleichungssystem gelöst werden.

Teste deine Grundfertigkeiten

1. Das folgende lineare Gleichungssystem sollte grafisch gelöst werden:
   (1) $y = 2x + 1$
   (2) $y = -1{,}5x + 4{,}5$

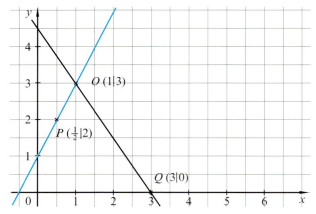

   Von welcher Gleichung stellt die blaue Gerade die Lösungsmenge grafisch dar?

   _____

2. Markiere die grafisch ermittelten Lösungen des Gleichungssystems im Koordinatensystem von Aufgabe 1 und lies die Lösungsmenge ab.

   A $L = \{1; 3\}$ B $L = \{(3; 1)\}$
   C $L = \{(1; 3)\}$ D $L = (3; 1)$

3. Wie viele Lösungen kann ein lineares Gleichungssystem haben?

   A keine   B eine
   C zwei   D unendlich viele

4. Überprüfe, bei welchen Gleichungssystemen die Lösungsmenge angegeben ist.

   A (1) $4a - 2b = -6$ B (1) $s = -15t$
      (2) $b = 9 - 2a$ (2) $16t - 2s = 92$
        $L = \{\ \}$ $L = \{(-30; 2)\}$

   C (1) $u + 2w = 4$ D (1) $y = 3x + 6$
      (2) $w = -3u - 3$ (2) $y = 2x - 8$
        $L = \{(2; -30)\}$ $L = \{(3; 18)\}$

5. Welche rechnerischen Verfahren zum Lösen linearer Gleichungssysteme gibt es?
   Du kannst zur Beantwortung das Tafelwerk nutzen.

   _____

   _____

6. Die folgenden Gleichungen sollten „addiert" werden. Markiere dabei entstehende Gleichungen.
   (1) $x - 2y = 3$
   (2) $2x + 2y = 12$

   A $3x - 3 = 12$ B $x + 2x - 2y + 2y = 3 + 12$
   C $3x = 15$ D $x + 2x - 2y + 2y = 12$

7. Gegeben ist das folgende Gleichungssystem:
   (1) $2a + 3b = 7$
   (2) $4a - 9b = -1$.
   Mit welcher Zahl ist zu multiplizieren, damit eine Variable bei der anschließenden „Addition" beider Gleichungen wegfällt?

   A 2   B -3
   C 3   D -2

8. Bestimme die Lösungsmenge des Gleichungssystems aus Aufgabe 7.

9. Anne kauft vier Roggenbrötchen und drei Vierkornbrötchen für 2,50 €. Sven kauft fünf Roggenbrötchen und sieben Vierkornbrötchen. Er zahlt 4,10 €.
   Markiere entsprechende Gleichungssysteme.

   A (1) $3v + r = 2{,}50$ B (1) $4x + 3y = 2{,}50$
      (2) $7v + 5r = 4{,}10$ (2) $5x + 7y = 4{,}10$

   C (1) $4r + 3v = 2{,}50$ D (1) $5x + 7y = 4{,}10$
      (2) $5r + 7v = 4{,}10$ (2) $x + 3y = 2{,}50$

---

8 bis 9 Aufgaben sind richtig. Deine Grundfertigkeiten sind gut.
6 bis 7 Aufgaben sind richtig. Deine Grundfertigkeiten sind befriedigend.
Weniger als 6 Aufgaben sind richtig. Deine Grundfertigkeiten sind noch nicht ausreichend.

Literaturhinweis: Mathematik in Übersichten S. 53 ff.

Trainiere an komplexeren Aufgaben

Aufgabe 1

Bestimme die Lösungsmengen der folgenden Gleichungssysteme mit einem Verfahren deiner Wahl.
Überlege, welches Verfahren jeweils am besten geeignet sein könnte, um schnell und sicher zur Lösung zu gelangen.

a) (1) $2y = 4x + 4$
   (2) $y = 10x - 22$

b) (1) $2u - 3v = -8$
   (2) $6v - u = 16$

c) (1) $x + 2y = 1$
   (2) $-x + 2y = 1$

d) (1) $3x + y - 2z = -3$
   (2) $-3x + y + z = 6$
   (3) $4y - z = 17$

Aufgabe 2

Löse die folgenden Text- und Sachaufgaben jeweils mithilfe eines Gleichungssystems.

a) Von zwei Zahlen ist bekannt: Addiert man zum Dreifachen der ersten Zahl das Doppelte der zweiten Zahl, so erhält man 26. Subtrahiert man das Dreifache der zweiten Zahl vom Fünffachen der ersten Zahl, dann erhält man 56. Wie heißen diese beiden Zahlen?

b) Die Quersumme einer zweistelligen Zahl ist 12, die Differenz der Ziffern ist 2. Welche Zahl könnte es sein?

c) Sophie macht Ferien auf dem Bauernhof. Sie darf die Hühner und Kaninchen füttern. Es sind 37 Tiere mit insgesamt 106 Beinen. Wie viele Hühner und wie viele Kaninchen leben auf dem Bauernhof?

d) Von einem Rechteck ist bekannt, dass der Umfang 20 cm und der Flächeninhalt 24 cm² beträgt. Wie lang sind die Seiten des Rechtecks?

Aufgabe 3

Der Kassenwart eines Sportvereins sammelt von allen Mitgliedern die Monatsbeiträge ein.
Kinder bis 13 Jahre zahlen 4 € ein, Jugendliche ab 14 Jahren 6 € und Erwachsene ab 18 Jahren 10 €.

a) Nachdem alle 71 Mitglieder des Sportvereins gezahlt haben, befinden sich 380 € in der Kasse.
Sieben Erwachsene sind im Verein. Wie viele Jugendliche gehören zum Sportverein?

b) Ein Mitglied hat bald Geburtstag und zahlt deshalb beim nächsten Mal mehr.
Auf wie viel Euro können dadurch die Einnahmen steigen, wenn sich sonst nichts ändert?

Aufgabe 4

Aus einem Draht mit einer Länge von 1,40 m wird das Kantenmodell eines Quaders mit zwei quadratischen Begrenzungsflächen hergestellt. Die Differenz der kurzen Kanten an den quadratischen Flächen und der längeren Kanten beträgt 5 cm.

a) Stelle ein Gleichungssystem auf und berechne die Kantenlängen des Körpers. (Hinweis: Skizziere zuvor den Quader.)

b) Wie lang sind die Kanten, wenn der Draht 20 cm kürzer ist und die langen Kanten 4-mal so lang wie die kurzen Kanten sind?

Aufgabe 5

Eine Getränkefirma bietet im Rahmen einer Werbeveranstaltung zum Thema „Gesund leben" verschiedene Fruchtsäfte an.
Angebot 1: Je 6 Flaschen Multivitaminsaft und Sanddornsaft kosten 8,70 €.
Angebot 2: 8 Flaschen Multivitaminsaft und 4 Flaschen Sanddornsaft kosten 8,20 €.

a) Was kostet jeweils eine Flasche?
b) Was ist zu bezahlen, wenn 8 Flaschen von jeder Sorte gekauft werden?
c) Welche Zusammenstellung von Säften könnte man für 14,50 € erwerben? Begründe deine Aussage.
d) Ein Kunde kauft Saft für 13,30 €. Es sind genau 8 Flaschen Multivitaminsaft dabei.
Berechne die Anzahl der Flaschen mit Sanddornsaft.

14 Lineare Funktionen und andere Zuordnungen

Zuordnungen begegnen uns in allen Lebensbereichen, z. B. ist auf einer Senderfrequenz ein bestimmter Radiosender zu finden und jedes Brötchen hat einen bestimmten Preis. Wenn es sich dabei sogar um eine eindeutige Zuordnung handelt, spricht man von einer Funktion. Eine Klasse von Funktionen sind die linearen Funktionen.

Teste deine Grundfertigkeiten

1. Bei welchen der folgenden Abbildungen handelt es sich um Graphen von Funktionen?

   A Bild 1
   C Bild 1 und 2
   B Bild 1 und 3
   D allen

2. Jedes Brötchen kostet 0,20 € bei einem Bäcker. Welche Zahlen sind zu ergänzen, damit eine dementsprechende Zuordnung zwischen x und y besteht?

x (Anzahl der Brötchen)	1		3	
y (Gesamtpreis in €)	0,20			1,40

   A $x = 0{,}60; y = 7$
   C $x = 7; y = 0{,}60$
   B $x = 0{,}70; y = 6$
   D $x = 6; y = 0{,}70$

3. Welche Funktionsgleichungen beschreiben die Zuordnung aus Aufgabe 2?

   A $y = f(x) = 0{,}2x$
   C $y = t(x) = x + x$
   B $y = h(x) = 1x$
   D $y = g(x) = 0{,}2x$

4. Welche der folgenden Funktionen haben an der Stelle $x = 3$ den Funktionswert $y = 8$?

   A $f(x) = 2x + 2$
   C $f(x) = 4x - 4$
   B $f(x) = -x + 11$
   D $f(x) = (x - 1)^3$

5. Zu welchen Funktionen gehört nicht das geordnete Paar $(2\,|\,4)$?

   A $f(x) = 5x - 4$
   B $f(x) = x^2$
   C $f(x) = \sqrt{5x + 6}$
   D $f(x) = \dfrac{8}{x^2}$

6. Bei welchen Funktionen ist der gegebene x-Wert Nullstelle der Funktion?

   A $y = x^3 - 1; x = 1$
   B $y = 2x + 3; x = 1{,}5$
   C $y = \dfrac{4}{x}; x = 1$
   D $y = 8x - 4; x = 0{,}5$

7. Gleichungen linearer Funktionen kann man in der Form $y = mx + n$ notieren. Welche Bedeutung haben m und n für den Verlauf der Graphen im Koordinatensystem? Du kannst zur Beantwortung das Tafelwerk nutzen.

   _____

   _____

8. Die Grafik zeigt das Bild einer linearen Funktion $y = f(x) = mx + n$. Welche Aussagen sind richtig?

   A $m > 0$ und $n > 0$
   C $m < 0$ und $n < 0$
   B $m < 0$ und $n > 0$
   D $m > 0$ und $n < 0$

9. Gegeben ist die Gleichung einer linearen Funktion in der Form $12x - 4y = 16$. Forme so um, dass du m und n ablesen kannst.

   A $m = 12$ und $n = -16$
   C $m = 3$ und $n = -4$
   B $m = 3$ und $n = 16$
   D $m = -3$ und $n = 4$

10. Einer Zahl x wird jeweils ihr 5faches vermindert um 3 zugeordnet. Wie lautet die Funktionsgleichung?

    A $y = f(x) = 5x + 3$
    C $y = f(x) = 3x - 5$
    B $y = f(x) = (x + 5) - 3$
    D $y = f(x) = 5x - 3$

11. Gib jeweils die Funktionsgleichung zu den dargestellten Graphen linearer Funktionen an.

    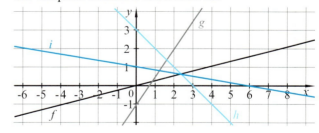

    _____

    _____

---

9 bis 11 Aufgaben sind richtig. Deine Grundfertigkeiten sind gut.
7 bis 8 Aufgaben sind richtig. Deine Grundfertigkeiten sind befriedigend.
Weniger als 7 Aufgaben sind richtig. Deine Grundfertigkeiten sind noch nicht ausreichend.

Literaturhinweis: Mathematik in Übersichten S. 79 ff. und S. 85 ff.

Trainiere an komplexeren Aufgaben

Aufgabe 1

Gegeben ist die Gleichung einer linearen Funktion f mit $y = f(x) = -2x - 2{,}5$.

a) Zeichne den Graphen der Funktion f in ein Koordinatensystem ein.
b) Überprüfe, ob die Punkte $P(-2\,|\,0)$ und $Q(-5{,}5\,|\,8{,}5)$ auf der Geraden liegen.
c) Bestimme jeweils die fehlende Koordinate der Punkte $A(-4\,|\,y)$ und $B(x\,|\,11{,}5)$, die auf dem Graphen liegen.
d) Berechne die Nullstelle der Funktion f und vergleiche mit der grafischen Darstellung.

Aufgabe 2

Gegeben ist eine Funktion f durch folgende Wortvorschrift: Jeder Zahl wird ihr 3faches vermindert um 3 zugeordnet.

a) Gib für die Funktion f eine Gleichung an.
b) Zeichne den Graphen von f für x-Werte von -2 bis 3.
c) Berechne die Nullstelle von f.
d) Ermittle $f(-5)$ und $f(8)$.
e) Berechne x, so dass gilt: $f(x) = 99$.

Aufgabe 3

Gib jeweils eine Gleichung der linearen Funktion an, deren Graph durch die folgenden Angaben festgelegt wird.

a) Die Schnittpunkte mit den Koordinatenachsen sind $A(1\,|\,0)$ und $B(0\,|\,3)$.
b) Der Graph verläuft durch die Punkte $M(-2\,|\,3)$ und $N(3\,|\,-3)$.
c) Der Graph verläuft durch den Punkt $P(-3\,|\,-2)$ und hat den Anstieg $m = 2$.
d) Der Graph verläuft parallel zur Winkelhalbierenden des 1. Quadranten durch den Punkt $Q(3\,|\,1)$.

Aufgabe 4

Gegeben sind die Gleichungen zweier linearer Funktionen f und g mit $f(x) = 2x - 3$ und $g(x) = -2x + 5$.

a) Zeichne die Graphen der Funktionen f und g.
b) Berechne die Nullstellen beider Graphen und vergleiche mit der Zeichnung.
c) Zeichne eine zum Graphen der Funktion f senkrecht verlaufende Gerade k mit derselben Nullstelle in das Koordinatensystem ein. Gib eine Gleichung für diese Gerade an.
d) Berechne die Koordinaten des Schnittpunktes S der Graphen der Funktion f und g. Vergleiche diese mit denen aus der grafischen Darstellung.
e) Der Graph der Funktion g wird um 3 Längeneinheiten in Richtung der positiven y-Achse verschoben. Gib eine Gleichung der zugehörigen linearen Funktion l an.

Aufgabe 5

Gegeben sind lineare Gleichungen mit zwei Variablen. Gleichung (1): $2x + 4y = 4$ und Gleichung (2): $6x - 2y = 12$.

a) Gib je zwei Zahlenpaare an, die Lösungen der Gleichung (1) bzw. der Gleichung (2) sind.
b) Ergänze die Zahlenpaare $(\frac{2}{3}\,|\,\ldots)$ und $(\ldots\,|\,-9)$ so, dass sie Lösungen der Gleichung (1) sind.
c) Stelle beide Gleichungen nach y um, sodass Gleichungen der Form $y = mx + n$ entstehen.
d) Überprüfe grafisch deine Ergebnisse zu den Aufgaben 5 a) und b).
e) Löse das durch die beiden Gleichungen gebildete lineare Gleichungssystem rechnerisch.
f) Lies die Koordinaten des Schnittpunktes S beider Graphen ab und vergleiche dein Ergebnis mit dem der Aufgabe 5e).
g) Unter welchen Winkeln schneiden die Graphen der Funktionen zu den Gleichungen (1) und (2) die x-Achse?

16   Lineare Funktionen und andere Zuordnungen

Aufgabe 6

Gegeben sind zwei Funktionen *f* und *g* durch ihre Darstellung im Koordinatensystem.

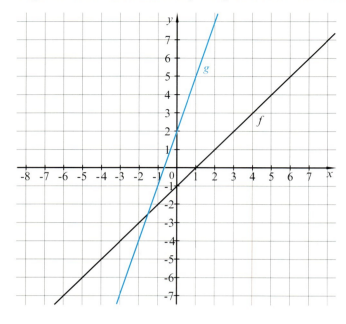

a) Gib für die beiden Funktionen *f* und *g* jeweils eine Gleichung an.
b) Welche der Funktionen hat den größeren Anstieg?
c) Berechne die Koordinaten des Schnittpunktes *S* der Geraden und überprüfe dein Ergebnis grafisch.
d) Zeichne eine zu *f* parallele Gerade *k* durch den Punkt $P(1|-2)$ ein.
   Wie lautet die entsprechende Funktionsgleichung für diese Parallele *k*?
e) Die Gerade zur Funktion *g* soll so parallel verschoben werden, dass sie die Gerade *f* genau auf der *y*-Achse schneidet. Wie lautet die Gleichung dieser Geraden *l*?
f) Bestimme die Achsenschnittpunkte der blauen Geraden.
g) Die blaue Gerade und Abschnitte der beiden Koordinatenachsen bilden ein Dreieck mit rechtem Winkel beim Koordinatenursprungspunkt.
   Berechne den Flächeninhalt des Dreiecks.

Aufgabe 7

Eine brennende Haushaltskerze, die neu 24 cm lang war, wird beim Abbrennen beobachtet.
Dabei wird festgestellt, dass ihre Länge pro Stunde um 4 cm abnimmt.

a) Wie groß ist die gesamte Brenndauer der Kerze?
b) Am ersten Tag wird die Kerze nach 150 min ausgepustet. Wie lang ist die Kerze dann noch?
c) Um den Zusammenhang genauer untersuchen zu können, wird die Gleichung einer linearen Funktion *f* aufgestellt, die der Zeit die Länge der Kerze zuordnet. Was kannst du über den Anstieg des Graphen von *f* aussagen?
d) Angenommen die neue Kerze wird angezündet und brennt danach kontinuierlich ab. Welche der beiden Gleichungen (1) $y = 4x - 24$ oder (2) $y = -4x + 24$ beschreibt diese Funktion *f*?
e) Was geben die beiden Variablen *x* und *y* in der Funktionsgleichung an?
f) Berechne die Nullstelle der Funktion *f*. Was gibt die Nullstelle praktisch an?
g) Der Definitionsbereich einer Funktion ist in der Regel der Bereich der reellen Zahlen. Ist das bei dieser Funktion auch sinnvoll?
   Wenn nein, schränke den Definitionsbereich geeignet ein.

Aufgabe 8

In einem Parkhaus sind Parkgebühren zu entrichten. Im Diagramm ist ein erster unvollständiger Entwurf für die neue Zuordnung von „Parkdauer in Minuten" zu „Parkgebühr in Euro" dargestellt.

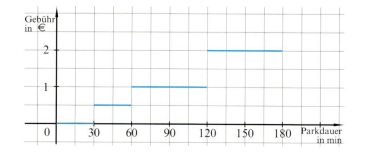

a) Wie viel Parkgebühr muss man entrichten, wenn man 20 min (80 min; 150 min) parken möchte?
b) Formuliere eine eindeutige Gebührenordnung zur gegebenen grafischen Darstellung in Tabellenform.
c) Wie lange darf man entsprechend der Gebührenordnung maximal parken, wenn man nicht mehr als 1 € bezahlen will?
d) Ergänze deine Gebührenordnung und das Diagramm um eine Regel für Parkzeiten über 3 Stunden.

Aufgabe 9

Bei einem Stromanbieter gibt es zwei Tarife: Tarif A: jährliche Grundgebühr 72 € und 17,20 ct pro kWh,
Tarif B: jährliche Grundgebühr 108 € und 15,80 ct pro kWh.

a) Berechne jeweils die Preise für einen Jahresverbrauch von 500 kWh und 1000 kWh.
b) Stelle jeweils eine Funktionsgleichung auf, die den verbrauchten Kilowattstunden den Preis pro Jahr zuordnet. Gib die praktische Bedeutung der Variablen an.
c) Zeichne die zu jeder Gleichung gehörende Gerade in ein Koordinatensystem ein. Teile dabei die Achsen sinnvoll ein.
d) Die Geraden schneiden sich an der Stelle $x = 2571,4$. Was bedeutet das für den zu wählenden Tarif?

Aufgabe 10

Im Koordinatensystem sind die Graphen von vier Funktionen gegeben.

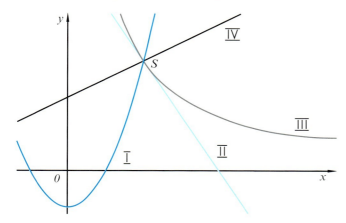

a) Ordne jedem Graphen eine der folgenden Funktionsgleichungen zu und begründe deine Entscheidungen.
 (1) $y = a \cdot x + 2$; $a > 0$
 (2) $y = -1,5 \cdot x + b$; $b > 0$
 (3) $y = -x^2 + c$; $c > 0$
 (4) $y = x^2 + d$; $d < 0$
 (5) $y = \frac{k}{x}$; $x > 0, k > 0$

b) Bestimme die Konstanten in den Funktionsgleichungen zu den vier Graphen, wenn der Schnittpunkt S die Koordinaten $(2 | 3)$ hat.

Aufgabe 11

Für das Verputzen einer Fabrikhalle benötigen 4 Maurer insgesamt 12 Arbeitstage. Sie arbeiten stets gleich schnell.

a) Wie viele Arbeitstage würden 3 der gleich schnellen Maurer für diese Arbeit benötigen?
b) Gib für den Sachverhalt eine Funktionsgleichung an. Um welche Art einer Zuordnung handelt es sich?
c) Damit die Halle schneller fertig wird, erhalten die 4 Maurer nach 3 Arbeitstagen die Unterstützung von 2 weiteren gleich schnellen Maurern. Wie lange dauert das Verputzen der Halle insgesamt?

Aufgabe 12

Für verschiedene elektrische Bauelemente hat man eine Messreihe von Stromstärke und Spannung durchgeführt.
Dabei hat man folgende Messwerte erhalten:

Spannung in V	Stromstärke in mA		
	Bauelement 1	Bauelement 2	Bauelement 3
2	340	160	170
4	680	320	300
5	850	400	330

a) Stelle die Messwerte in einem Spannung-Stromstärke-Diagramm (Abzissenachse: Stromstärke; Ordinatenachse: Spannung) dar.
b) Bei welchen Bauelementen ergibt sich vermutlich direkte Proportionalität zwischen Spannung und Stromstärke? Begründe deine Meinung.
c) Bei welchem der Bauelemente mit konstantem Widerstand ist dieser größer? Woran erkennt man das im Diagramm?
d) Gib jeweils die Funktionsgleichung an.

18 Quadratische Gleichungen

Es gibt viele Zusammenhänge in der Mathematik und in den Naturwissenschaften, bei denen Quadrate auftreten. Um solche Abhängigkeiten grafisch darstellen zu können, benötigt man quadratische Funktionen. Für das Ausführen von Rechnungen zu quadratischen Funktionen sind Kenntnisse zu quadratischen Gleichungen wichtig.

Teste deine Grundfertigkeiten

1. Bei welchen der folgenden Gleichungen handelt es sich um quadratische Gleichungen?

   A $x^2 + 3x - 4 = 0$ B $x^2 - 4 = 21$
   C $4x - 3 = 5x$ D $2x - 6 = 3x^2$

2. Wie viele Lösungen kann eine quadratische Gleichung haben?

   A eine   B drei
   C zwei   D keine

3. Die Gleichung: $x^2 = -x + 2$ ist grafisch zu lösen. Notiere die Funktionsgleichungen zu den Graphen und bestimme die Lösungsmenge.

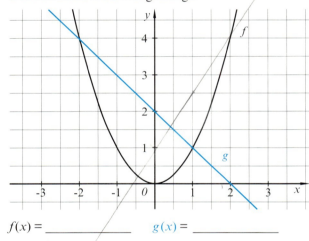

   $f(x) =$ _____ $g(x) =$ _____

   A $L = \{1; 4\}$ B $L = \{1; -2\}$
   C $L = \{-2; 1\}$ D $L = \{(1; 1); (-2; 4)\}$

4. Löse die folgende quadratische Gleichung grafisch im Koordinatensystem zu Aufgabe 3: $x^2 - 1,5x - 1 = 0$

   A $L = \{0,5; 2\}$ B $L = \{-0,5; 2\}$
   C $L = \{0,5; -2\}$ D $L = \{0,25; 4\}$

5. Zu welchen der folgenden quadratischen Gleichungen gehören die Lösungen $x_1 = 0$ und $x_2 = 2$?

   A $x^2 - 2x = 0$ B $4x^2 - 8x = 0$
   C $x^2 = 4$ D $2x^2 = 4x$

6. Bestimme die Lösungsmengen der folgenden quadratischen Gleichungen.

   a) $x^2 = 81$
   A $L = \{9\}$ B $L = \{-9\}$
   C $L = \{-9; 9\}$ D $L = \{0; 9\}$

   b) $x^2 - 9 = 40$.
   A $L = \{7\}$ B $L = \{0; 7\}$
   C $L = \{-7; 7\}$ D $L = \{3; 7\}$

   c) $x(x-4) = 0$
   A $L = \{0\}$ B $L = \{0; 4\}$
   C $L = \{4\}$ D $L = \{-4; 0\}$

7. Bestimme die Lösungsmenge mithilfe der quadratischen Ergänzung.

   $x^2 + 6x = 16 | + \_\_\_\_$

   $x^2 + 6x \_\_\_\_ = \_\_\_\_$

   $(x + \_\_\_\_)^2 = \_\_\_\_$

   A $L = \{2; 2\}$ B $L = \{-5; 5\}$
   C $L = \{2\}$ D $L = \{-8; 2\}$

8. Zum Lösen quadratischer Gleichungen in Normalform gibt es eine Lösungsformel. Suche die Formel im Tafelwerk und notiere sie.

   $x_{1,2} = -\frac{p}{2} \pm \sqrt{\left(\frac{p}{2}\right)^2 - q}$

9. Löse die folgenden quadratischen Gleichungen. Bei welchen quadratischen Gleichungen ist die Summe der beiden Lösungen in Klammern angegeben?

   A $x^2 + 2x - 3 = 0$ [−2]   B $x^2 - x - 6 = 0$ [4]
   C $x^2 - 3x = 10$ [3]   D $2x^2 - 2x - 4 = 0$ [1]

10. Welche der folgenden quadratischen Gleichungen haben zwei Lösungen? Bestimme die Diskriminanten.

    A $x^2 - 4x + 6 = 0$ B $x^2 - 10x + 9 = 0$
    C $x^2 + 4 = 10$ D $x^2 - 2x - 1 = 0$

---

8 bis 10 Aufgaben sind richtig. Deine Grundfertigkeiten sind gut.
6 bis 7 Aufgaben sind richtig. Deine Grundfertigkeiten sind befriedigend.
Weniger als 6 Aufgaben sind richtig. Deine Grundfertigkeiten sind noch nicht ausreichend.

Literaturhinweis: Mathematik in Übersichten S. 60 ff. und S. 89

Quadratische Gleichungen

Trainiere an komplexeren Aufgaben

Aufgabe 1

Forme die folgenden Gleichungen zuerst in die Normalform um. Löse die Gleichungen danach.

a) $x^2 = 8x - 7$
b) $6c + 56 = c^2$
c) $2x^2 + 16x - 18 = 0$
d) $0 = 28a + 7a^2$
e) $12x^2 + 4x + 2 = 9x^2 + 11x$
f) $2x(5 - x) = 8(3 - 0{,}5x)$
g) $(x + 5)(x - 6) + (x - 2)(x - 3) = -4$

h) $(4x + 3)^2 + (2x - 1)^2 = 10$
i) $\dfrac{9}{x - 8} = x$
j) $x - 2 = \dfrac{-4}{x + 1}$
k) $\dfrac{60}{2b} - \dfrac{16}{1 + b} = \dfrac{-13}{2 - b}$

Aufgabe 2

Löse die folgenden Text- und Sachaufgaben. Stelle bei jeder Aufgabe jeweils erst eine quadratische Gleichung auf.
Hinweis: Führe für die jeweils gesuchte Größe eine Variable ein.

a) Das Quadrat der gesuchten Zahl ist gleich ihrem Fünffachen. Welche Zahl könnte es sein?
b) Welche Kantenlänge hat ein Würfel mit dem Oberflächeninhalt 37,5 cm²?
c) Multipliziert man eine natürliche Zahl mit der um 10 größeren Zahl, so erhält man 704. Wie lautet die Zahl?
d) Das Quadrat einer natürlichen Zahl vermehrt um ihr 7faches ergibt 8. Wie lautet die Zahl?

e) Der Flächeninhalt eines Rechtecks beträgt 21 875 mm². Die eine Seite ist um 5 cm länger als die andere Seite. Wie lang sind die Rechteckseiten?
f) Ein rechtwinkliges Dreieck hat einen Flächeninhalt von 40 cm². Eine Kathete ist 16 cm länger als die andere Kathete.
Wie lang sind die Katheten?

Aufgabe 3

Löse die folgenden Aufgaben.

a) Gegeben ist die Gleichung $x^2 + 12x - t = 0$.
Bestimme die Variable t so, dass eine Lösung der quadratischen Gleichung $x_1 = -1$ heißt. Wie lautet dann die zweite Lösung?

b) Eine quadratische Gleichung hat die Lösungen $x_1 = 4$ und $x_2 = -4$. Gib eine solche Gleichung an.
c) Für welche Werte a hat die Gleichung $(x + 2)^2 = a$ zwei Lösungen?

Aufgabe 4

Eine Supermarktkette hat ein rechteckiges Grundstück gekauft, um darauf den skizzierten Supermarkt mit rechteckiger Grundfläche zu bauen und die benötigten Parkflächen anzulegen.
Das Grundstück ist 80 m lang und 60 m breit. Die Breite x der Parkstreifen vor der Halle und neben der Halle ist gleich. Außerdem soll die Fläche des Parkplatzes genauso groß sein, wie die Grundfläche des Gebäudes.

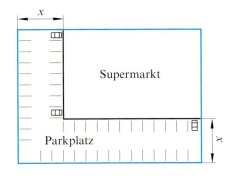

a) Berechne die Breite x des Parkstreifens.
b) Schätze, wie viele Autos auf dem Parkplatz parken können, wenn 60% der Fläche zum Abstellen von Autos zur Verfügung steht.
c) Es ist geplant, etwa 30% des Parkplatzes mit Pflastersteinen und den restlichen Teil mit Rasengittersteinen zu befestigen.
Wie viel Euro sind dafür einzuplanen, wenn 1 m² Pflastersteine 40 Euro und 1 m² Rasengittersteine 35 Euro kosten?

Potenzen, Wurzeln und Potenzfunktionen

Potenzen spielen in vielen Naturwissenschaften eine wichtige Rolle. Um sehr große bzw. kleine Zahlen darzustellen, trennt man oft Zehnerpotenzen ab. Die mittlere Entfernung von der Erde zur Sonne beträgt beispielsweise rund $149{,}6 \cdot 10^6$ km. Ein Produkt aus gleichen Faktoren wie $10 \cdot 10 \cdot 10 \cdot 10 \cdot 10 \cdot 10$ kann man kürzer als Potenz schreiben: 10^6.

Teste deine Grundfertigkeiten

1. Welche Umformungen sind richtig?
Notiere die Potenzgesetze, die anzuwenden sind.
Du kannst das Tafelwerk dazu nutzen.

- A $10^3 \cdot 10^5 = 10^{15}$
- B $10^3 : 10^4 = 10^{-1}$
- C $5^8 \cdot 2^8 = 10^8$
- D $10^5 : 10^5 = 10^1$

Potenzgesetze: _____

2. Welche Umformungen sind richtig?

- A $(4^5)^3 = 4^8$
- B $2 \cdot 4^3 + 5 \cdot 4^3 = 7 \cdot 4^3$
- C $\left(\frac{2}{3}\right)^4 = \frac{16}{18}$
- D $\left(\left(\frac{2}{5}\right)^4\right)^{-4} = \frac{2}{5}$

3. Welche Terme sind gleichwertig zu: 4^8?

- A $4 \cdot 4 \cdot 4 \cdot 4 \cdot 4 \cdot 4 \cdot 4 \cdot 4$
- B $4^2 \cdot 4^2 \cdot 4^4$
- C $2^2 \cdot 2^6$
- D $4^2 \cdot 4^6$

4. Welche Terme sind gleichwertig zu: 3^7?

- A $3^3 : 3^4$
- B $3^{10} : 3^3$
- C $3^5 : 3^{-2}$
- D $3^{10} : 3^1 : 3^2$

5. Welche Umformungen sind richtig?

- A $\sqrt{5^3} = 5^{\frac{2}{3}}$
- B $\sqrt[3]{24^4} = 24^{\frac{4}{3}}$
- C $y^{-2} = \frac{1}{y}, y \neq 0$
- D $z^{\frac{3}{5}} = \sqrt[5]{z^3}, z \geq 0$

6. Markiere die jeweils zueinander gleichwertigen Terme.

- A $13 \cdot 10^5 = 0{,}00013$
- B $1{,}3 \cdot 10^4 = 0{,}00013$
- C $1{,}3 \cdot 10^{-4} = 0{,}00013$
- D $1{,}3 \cdot 10^{-5} = 0{,}00013$

7. Welcher Term gibt 154 000 000 000 000 000 000 in der Form: $a \cdot 10^x$ mit $1 \leq |a| < 10$ an?

- A $1{,}54 \cdot 10^{18}$
- B $1{,}54 \cdot 10^{20}$
- C $154 \cdot 10^{18}$
- D $1{,}54 \cdot 10^{-20}$

8. Welche Umformungen sind richtig?
Rechne ohne Taschenrechner nach.

a)
- A $\frac{\sqrt{27}}{\sqrt{3}} = 9$
- B $\frac{\sqrt{27}}{\sqrt{3}} = \sqrt{\frac{27}{3}}$
- C $\sqrt{7} \cdot \sqrt{3} \cdot \sqrt{21} = 21$
- D $\sqrt{7} \cdot \sqrt{3} \cdot \sqrt{21} = \sqrt{7 \cdot 3 \cdot 21}$

b)
- A $\frac{\sqrt{27}}{\sqrt{3}} = 9^{0{,}5}$
- B $\sqrt{7} \cdot \sqrt{3} \cdot \sqrt{21} = \sqrt[6]{7 \cdot 3 \cdot 21}$
- C $a^0 = 0 \; (a \neq 0)$
- D $a^{-n} = \frac{1}{a^n} \; (a \neq 0)$

9. Notiere die gesuchten Exponenten.
Die Summe aller gesuchten Exponenten ist 2.

- A $2^x = 16, \; x = $ _____
- B $\left(\frac{1}{4}\right)^x = \frac{1}{64}, \; x = $ _____
- C $6^x = \frac{1}{216}, \; x = $ _____
- D $10^x = \frac{1}{100}, \; x = $ _____

10. Ordne den Graphen die zwei entsprechenden Funktionsgleichungen zu:

$y = f(x) = x^2; \quad y = h(x) = x^{\frac{1}{2}}; \quad y = k(x) = x^3$

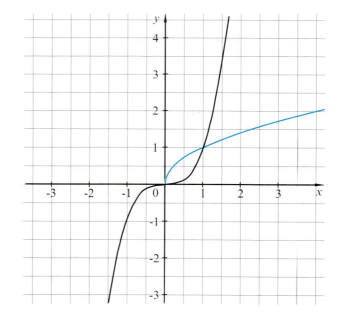

---

8 bis 10 Aufgaben sind richtig. Deine Grundfertigkeiten sind gut.
6 bis 7 Aufgaben sind richtig. Deine Grundfertigkeiten sind befriedigend.
Weniger als 6 Aufgaben sind richtig. Deine Grundfertigkeiten sind noch nicht ausreichend.

Literaturhinweis: Mathematik in Übersichten S. 35 ff. und S. 94 f.

Potenzen, Wurzeln und Potenzfunktionen

Trainiere an komplexeren Aufgaben

Aufgabe 1

Vereinfache mithilfe der Potenzgesetze die folgenden Terme so weit wie möglich.

a) $7a^6 \cdot 5a^4 \cdot 3a^2$

b) $21a^7 : 3a^3$

c) $\dfrac{36x^3}{21z^7} \cdot \dfrac{35z^2}{18x^6}$

d) $\dfrac{8x^{16} \cdot 7x^{-8}}{24 \cdot x^{12}}$

Aufgabe 2

Vereinfache ohne Verwendung des Taschenrechners so weit wie möglich.

a) $\sqrt{\dfrac{1}{4}} + \sqrt{\dfrac{100}{16}} - \sqrt{\dfrac{49}{64}}$

b) $\sqrt{10^6} + \sqrt{\dfrac{1}{10^4}} - \sqrt[3]{1\,000\,000}$

c) $\sqrt{0{,}25} + \sqrt{0{,}16} - \sqrt{0{,}25 - 0{,}16}$

d) $\sqrt{121} + \sqrt{12\,100} + \sqrt{1\,690\,000}$

e) $\sqrt{\sqrt[3]{27}} + \sqrt{3} \cdot \sqrt{81}$

f) $\dfrac{\sqrt{18} \cdot \sqrt{2}}{\sqrt{7} \cdot \sqrt{28}}$; $\dfrac{\sqrt{18} \cdot \sqrt{28}}{\sqrt{2} \cdot \sqrt{7}}$

g) $\dfrac{\sqrt[3]{16} \cdot \sqrt[3]{4x^3}}{\sqrt[3]{8 \cdot 27}}$; $\dfrac{\sqrt[3]{\sqrt{16} \cdot \sqrt{16}}}{\sqrt[3]{216}}$

h) $(\sqrt{3} + \sqrt{12})^2$; $(\sqrt{24} - \sqrt{6})^2$

Aufgabe 3

Berechne mithilfe deines Taschenrechners. Runde auf Tausendstel.

a) $\dfrac{\sqrt{(30+9) \cdot 13}}{\sqrt{55 + \frac{4}{3}}}$

b) $\sqrt[3]{5 \cdot \dfrac{\sqrt{717}}{7 + \sqrt{11}}}$

c) $\dfrac{\sqrt{\sqrt{169} - \sqrt{81}}}{\sqrt[3]{12 \cdot \sqrt{20\,736}}}$

d) $\dfrac{\sqrt{254} \cdot 2{,}5^{-5}}{2{,}6 \cdot 5{,}7^{\frac{2}{3}}}$

Aufgabe 4

Rechne mit abgetrennten Zehnerpotenzen. (Hinweis: Suche gegebenenfalls notwendige Formeln im Tafelwerk.)

a) Der Durchmesser der Sonne beträgt rund $1{,}39 \cdot 10^6$ km. Berechne ihr Volumen. Nimm an, dass die Sonne eine Kugel ist.

b) Der Radius der Erde beträgt rund $6{,}4 \cdot 10^3$ km. Berechne das Volumen und den Oberflächeninhalt der Erde. Nimm an, dass die Erde eine Kugel ist.

c) Eine Strecke hat eine Länge von einem Lichtjahr, wenn das Licht ein Jahr benötigt, um diese zurückzulegen. Die Lichtgeschwindigkeit im Vakuum beträgt rund $3 \cdot 10^8 \, \dfrac{\text{m}}{\text{s}}$. Wie viel Kilometer ist ein Lichtjahr lang?

Aufgabe 5

Lösen die folgenden Aufgaben.

a) Bestimme jeweils die Lösungsmenge der folgenden Gleichungen.

   (1) $2^{x+1} = 8$

   (2) $3x + 9 = 12$

   (3) $\sqrt{8x + 8} = 2x - 2$

   (4) $4^{4x-6} = 16$

b) Stelle jeweils nach der in Klammern angegebenen Variable um.

   (1) $c^2 = a^2 + b^2$ [b]

   (2) $V = x^3$ [x]

   (3) $(x^2 + a^2) \cdot (x^2 - a^2) = \dfrac{x^4}{4}$ [x]

Aufgabe 6

Gegeben ist die Funktion f mit der Funktionsgleichung $f(x) = \frac{1}{x^2}$ mit $x \in \mathbb{R}$ und $x \neq 0$.

a) Berechne die Funktionswerte für die in der Tabelle vorgegebenen Argumente.

x	-2	-1	$-\frac{1}{2}$	$\frac{1}{2}$	1
y					

b) Zeichne den Graphen der Funktion f in ein Koordinatensystem ein.
   Wähle dafür eine geeignete Achseneinteilung.

c) Zeige, dass das Zahlenpaar $(\sqrt{2005}; \frac{1}{2005})$ zur Funktion f gehört.

d) Gib die Menge aller positiven Zahlen x an, für die gilt: $f(x) < 0{,}0001$.

e) Zeichne in das Koordinatensystem von Teilaufgabe b) den Graphen der Funktion $g(x) = x^2$ mit $x \in \mathbb{R}$ ein.

f) Gib die x-Werte derjenigen Punkte an, die zu beiden Funktionsgraphen gehören.

g) Mit Teilaufgabe f) hast du gleichzeitig eine Gleichung grafisch gelöst und deren Lösungen angegeben. Wie lautet diese Gleichung?

h) Bestimme jeweils den Abstand, den die eingezeichneten Punkte aus Teilaufgabe f) zum Koordinatenursprung haben.

Aufgabe 7

Es wurden Graphen von Potenzfunktionen dargestellt, deren Exponenten ganze Zahlen sind.

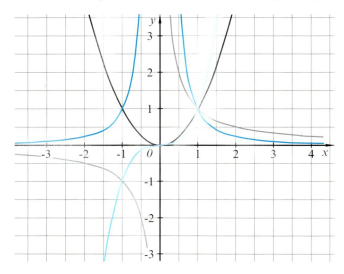

a) Notiere die zu den vier Graphen gehörenden Funktionsgleichungen.

b) Skizziere im gegebenen Koordinatensystem die Graphen der Funktionen
$k(x) = y = x^4$ und $l(x) = y = -x^5$.

c) Schreibe die Funktionsgleichungen der Umkehrfunktionen zu den Funktionen
$k(x) = y = x^4$ und $l(x) = y = -x^5$ auf.

Aufgabe 8

Gegeben sind die Funktionen f, g und h mit $y = f(x) = x^3$, $y = g(x) = x^{\frac{1}{3}}$ und $y = h(x) = x^{-3}$.

a) Ergänze die Wertetabellen.

x	0	1	-1	2	-2
$f(x)$					

x	0	1	-1	2	-2
$g(x)$					

x	0	1	-1	2	-2
$h(x)$					

b) Skizziere die Graphen der drei Funktionen in einem Koordinatensystem im Intervall von -3 bis 3.

c) Welche der gegebenen Funktionen haben genau eine Nullstelle?
   Gib alle Nullstellen der Funktionen an.

d) Gib jeweils den Definitions- und Wertebereich der gegebenen Funktionen an.

e) In welcher Beziehung stehen die Funktionen f und g zueinander?

Aufgabe 9

Löse die folgenden Sachaufgaben.

a) Faltet man ein Blatt Papier 3-mal jeweils auf die Hälfte zusammen, so ist das zusammengefaltete Papier etwa 1 mm dick.
Wie dick wäre das zusammengefaltete Papier, wenn man dieses Blatt Papier derartig 15-mal gefaltet hätte?

b) Ein Würfel hat das dreifache Volumen wie ein Quader mit den Kantenlängen 2 m, 3 m und 4 m.
Wie groß ist der Oberflächeninhalt des Würfels?

c) Das quadratische Grundstück von Herrn Fenske mit einem Flächeninhalt von 1089 m² soll mit einem Zaun abgegrenzt werden, wobei 3 m für die Einfahrt offen bleiben sollen.
Wie viel Meter Zaun werden dafür gebraucht?

d) Norman soll am Kopierer ein rechteckiges Foto so vergrößern, dass die Kopie eine Fläche ausfüllt, deren Flächeninhalt 3-mal so groß ist wie der des Fotos.
Am Kopierer wird aber immer nur die Vergrößerung der Seitenlängen in Prozent angegeben.
Welchen Prozentwert muss Norman am Kopierer einstellen?

e) Gegeben sei ein Quadrat mit der Seitenlänge von 32 cm. Die Mitten der Seiten seien jeweils die Eckpunkte eines neuen, kleineren Quadrates.
Welchen Flächeninhalt hat das zehnte, auf diese Weise konstruierte Quadrat?

Aufgabe 10

Der Vater von Antje hat direkt nach ihrer Geburt für sie ein Sparbuch eingerichtet und 2000 € eingezahlt.
Das Guthaben wird mit 3,5% p. a. verzinst.
Antjes Mutter überlegt, wie viel Geld auf dem Sparbuch zum 14., 16. und 18. Geburtstag ihrer Tochter ist, wenn nicht zusätzlich eingezahlt und nichts abgehoben wird.

a) Stelle für die Berechnung des Guthabens nach beliebig vielen Jahren eine Funktionsgleichung auf.
Gib die praktische Bedeutung der eingeführten Variablen an.

b) Bestimme das jeweilige Guthaben zum 14., 16. und 18. Geburtstag von Antje.

c) Handelt es sich bei der Funktion um eine Potenzfunktion? Begründe deine Entscheidung.

d) Wie viel Euro hätte Antje zum 18. Geburtstag mehr, wenn ihr Vater bei einer anderen Bank ein Sparbuch mit 3,9% p. a. eröffnet hätte?

Aufgabe 11

Beim senkrechten Fall eines Steins aus einer bestimmten Höhe h gilt für die Berechnung der Fallzeit t in guter Näherung die Funktionsgleichung $t = \sqrt{\frac{1}{5} \cdot h}$.

a) Jeweils ein Stein fällt aus einer Höhe von 1 m, 5 m, 10 m und 25 m. Gib die Fallzeiten in Sekunden an.

b) Ein Stein fällt in einen tiefen Schacht und schlägt nach 6,3 Sekunden auf. Wie tief ist der Schacht?

c) Veranschauliche die Zuordnung von Höhe und Fallzeit mithilfe eines Graphen in einem Koordinatensystem.

d) Mithilfe der Umkehrfunktion kann jeder Fallzeit eine bestimmte Höhe zugeordnet werden.
Wie lautet die Funktionsgleichung der Umkehrfunktion?

Aufgabe 12

Ein einfaches Mischbrot kostete 1992 rund 0,85 €. Der jährliche Preisanstieg liegt seitdem bei ca. 5%.

a) Stelle für diesen Sachverhalt eine Funktionsgleichung auf. Gehe davon aus, dass der Preisanstieg stets gleich bleibt.

b) Wofür stehen in der Funktionsgleichung die Variablen x und y?

c) Wie teuer wäre dieses Mischbrot im Jahr 2004?

d) Wie viel Euro müsste man im Jahr 2010 für ein Mischbrot bezahlen, wenn man den Preisanstieg von 5% auch für die kommenden Jahre zugrunde legt?

e) In welchem Jahr kostet ein derartiges Brot rund 1,14 €?

f) Wie hoch wäre der jährliche Preisanstieg gewesen, wenn das Brot im Jahr 2004 nur 1,04 € gekostet hätte?

Berechnungen an Dreiecken und Winkelfunktionen

Bei Berechnungen an geometrischen Objekten ist es sinnvoll Skizzen anzufertigen, um einen Lösungsansatz zu finden. Das Anwenden der Aussagen der Satzgruppe des Pythagoras ebenso wie der Definitionen des Sinus, Kosinus und Tangens eines Winkels ist nur an rechtwinkligen Dreiecken zulässig. Sinus- und Kosinussatz gelten dagegen für beliebige Dreiecke.

Teste deine Grundfertigkeiten

1. Vervollständige die Beschriftung des Dreiecks ABC. Notiere vier Formeln, die entsprechend der Aussagen der Satzgruppe des Pythagoras gelten. Nutze gegebenenfalls das Tafelwerk.

   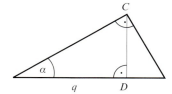

   _____

   _____

2. Bestimme die Länge der Hypotenuse im Dreieck ABC mit den Kathetenlängen $a = 3$ cm und $b = 4$ cm.

   A $c = 5$ cm B $c = 0,05$ m
   C $c = 7$ cm D $c = 50$ mm

3. Berechne die Längen der blau gezeichneten Strecken.

   a)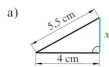

   A $x \approx 3{,}775$ cm B $x \approx 14{,}25$ cm
   C $x \approx 37{,}75$ mm D $x \approx 1{,}425$ cm

   b)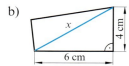

   A $x \approx 5{,}20$ cm B $x \approx 3{,}16$ cm
   C $x \approx 7{,}21$ cm D $x = \sqrt{52}$ cm

   c)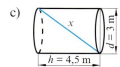

   A $x \approx 7{,}5$ m B $x \approx 5{,}41$ m
   C $x = \sqrt{29{,}25}$ m D $x \approx 2{,}74$ m

4. Markiere die wahren Aussagen.
   Nutze die Umschaltfunktion zwischen Grad- und Bogenmaß des Taschenrechners. (Lies gegebenenfalls in der Anleitung zum Taschenrechner nach.)

   A $\sin 65° \approx 0{,}91$ B $\cos 0{,}74\pi \approx -0{,}77$
   C $\sin 30° = \frac{1}{2}$ D $\tan 3{,}14 \approx 0$

5. Markiere die richtig aufgestellten Formeln zum Dreieck ABC bei Aufgabe 1.
   Nutze gegebenenfalls das Tafelwerk.

   A $\sin \alpha = \frac{a}{c}$ B $\cos \beta = \frac{p}{h}$
   C $\frac{\sin \alpha}{a} = \frac{\sin \beta}{b}$ D $\tan \gamma = \frac{a}{b}$

6. Vom rechtwinkligen Dreieck ABC sind bekannt: $\gamma = 90°$, $b = 40$ mm und $c = 120$ mm.
   Bestimme α und β.

   A $\alpha \approx 70{,}53°$ B $\alpha \approx 65{,}38°$
   C $\beta \approx 24{,}62°$ D $\beta \approx 19{,}47°$

7. Vom rechtwinkligen Dreieck ABC sind bekannt: $\gamma = 90°$, $\alpha = 25{,}6°$ und $c = 8{,}93$ cm.
   Bestimme a.

   A $a \approx 0{,}39$ dm B $a \approx 3{,}86$ cm
   C $a \approx 6{,}58$ cm D $a \approx 65{,}8$ mm

8. Von einem beliebigen Dreieck ABC sind bekannt: $a = 5$ cm, $b = 6$ cm, $c = 8$ cm und $\alpha = 38{,}62°$.
   Bestimme β und γ.

   A $\gamma \approx 92{,}87°$ B $\beta \approx 48{,}50°$
   C $\beta \approx 92{,}88°$ D $\gamma \approx 48{,}51°$

9. Von einem beliebigen Dreieck ABC sind bekannt: $a = 9$ cm, $b = 9$ cm und $\gamma = 60°$.
   Bestimme c.

   A $c = 9$ cm B $c = 14{,}25$ cm
   C $c = 90$ mm D $c = 1{,}425$ cm

---

8 bis 9 Aufgaben sind richtig. Deine Grundfertigkeiten sind gut.
6 bis 7 Aufgaben sind richtig. Deine Grundfertigkeiten sind befriedigend.
Weniger als 6 Aufgaben sind richtig. Deine Grundfertigkeiten sind noch nicht ausreichend.

Literaturhinweis: Mathematik in Übersichten S. 149 ff. und S. 155 ff.

Trainiere an komplexeren Aufgaben

Aufgabe 1

Ergänze die Tabellen. Nutze den Taschenrechner.

a)
α in Grad	45	90	135			
α in rad				0,33	–1,6	4,6

b)
α in Grad	45	60	75			
$\cos \alpha$				0,3	–0,6	0,7

Aufgabe 2

Löse die folgenden Aufgaben zu Sinusfunktionen.

a) Gegeben sind die Gleichungen der Funktionen f und g mit $y = f(x) = \sin x$ und $y = g(x) = 2 \sin x$. Ergänze die Wertetabellen.

x	0°	45°	90°	135°	180°	270°	360°
$\sin x$							

x	0°	45°	90°	135°	180°	270°	360°
$2 \sin x$							

b) Skizziere mithilfe der Wertetabellen die Graphen der Funktionen f und g. (Wähle einen Abstand von 2 cm für je 45° auf der x-Achse. Auf der y-Achse soll eine Einheit 2 cm lang sein.)

c) Gib die Nullstellen von f und g im Intervall $0° \leq x \leq 360°$ an.

d) Gib jeweils den Wertebereich und den Definitionsbereich von f und g an.

e) Gib die Länge der Periode der beiden Funktionen an.

f) Gib die Koordinaten der Schnittpunkte der Graphen der Funktionen f und k mit $y = f(x) = \sin x$ und $y = k(x) = \cos x$ im Intervall $\pi \leq x \leq 2\pi$ an.

Aufgabe 3

Ermittle alle x-Werte mit $0° \leq x \leq 360°$ die folgende Bedingungen erfüllen.

a) $\sin x = -0{,}6$
b) $\sin x = 0{,}4$
c) $\cos x = -0{,}2$
d) $\cos x = 0{,}7$
e) $\tan x = -0{,}3$
f) $\tan x = 5{,}8$
g) $\sin x = 5{,}6$
h) $\cos x = 5{,}4$

Aufgabe 4

Löse die Sachaufgaben. (Hinweis: Zeichne geeignete Skizzen und kennzeichne die gegebenen und gesuchten Größen.)

a) Ingrid liest auf einem Verkehrsschild: „Anstieg 12 %". Frauke erklärt ihr, dass auf 100 m waagerechter Entfernung die Höhe um 12 m steigt. Bestimme den Anstiegswinkel.

b) Beim Bau der skizzierten Brücke werden zum Abstützen Balken mit einer Länge von je 2 m verarbeitet. Aus statischen Gründen beträgt der Winkel α zwischen der Horizontalen und dem Balken 41,4°. Bestimme die Länge d der skizzierten Brücke.

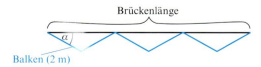

c) Klaus hat bei einer Seilbahnfahrt an der Talstation folgende Durchschnittsangaben gefunden: Geschwindigkeit der Seilbahn: 2 m/s; Anstiegswinkel: 20°; Fahrtdauer: 10 min. Berechne den Weg, den die Seilbahn zurücklegt. Welcher Höhenunterschied wird dabei überwunden?

d) Zwischen zwei Punkten A und B liegt ein Fischteich durch den nach dem Ablassen des Wassers ein Kabel verlegt werden soll. Es ist notwendig die Entfernung zu bestimmen, während noch Wasser im Teich ist. Daher bestimmt die Firma von einem außenliegenden Punkt C den Abstand $\overline{CB} = 480$ m, den Abstand $\overline{CA} = 620$ m und den Winkel zwischen beiden Abstandslinien $\gamma = 45{,}5°$. Ermittle aus diesen Angaben den Abstand $\overline{AB}$.

26 Berechnungen an Dreiecken und Winkelfunktionen

Aufgabe 5

Berechne jeweils die fehlenden Seiten und Winkel der Dreiecke ABC.
(Hinweis: Kennzeichne die gegebenen und gesuchten Größen in entsprechenden Skizzen.)
Konstruiere zur Kontrolle die Dreiecke in einem geeigneten Maßstab aus den gegebenen Stücken.

a) Dreieck ABC ist rechtwinklig ($\gamma = 90°$).
   (1) $a = 6$ cm; $b = 8$ cm
   (2) $c = 9$ mm; $a = 7$ mm
   (3) $\alpha = 35°$; $c = 12$ m
   (4) $\beta = 65°$; $b = 7$ km

b) Dreieck ABC ist nicht rechtwinklig.
   (1) $a = 6$ cm; $b = 8$ cm; $\gamma = 50°$
   (2) $c = 9$ mm; $a = 7$ mm; $\alpha = 40°$ (!)
   (3) $\alpha = 35°$; $c = 12$ m; $\beta = 60°$
   (4) $\beta = 65°$; $b = 7$ km; $\gamma = 36°$

Aufgabe 6

Die Elektrofirma Schmidt schließt an einer Außenleuchte einen Infrarot-Bewegungsmelder an. Der Bewegungsmelder wird in einer Höhe von 2 m am Bürogebäude angebracht. Dieser schaltet die Lampe ein, wenn man sich ihr nähert.

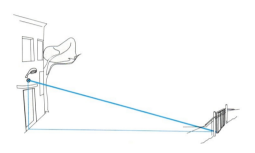

a) Wie groß muss der Neigungswinkel zur Vertikalen sein, damit die Lampe angeht, wenn man das 5 m vom Bürogebäude entfernte Tor öffnet?
b) Berechne bei welcher Entfernung vom Gebäude die Lampe angeht, wenn der Neigungswinkel zur Vertikalen 52° beträgt.
c) Bei welcher Entfernung vom Gebäude wird die Lampe angehen, wenn der Neigungswinkel 52° beträgt und der Bewegungsmelder in einer Höhe von 1,80 m angebracht ist?

Aufgabe 7

Löse die folgenden Sachaufgaben.

a) Eine Leiter ist 2 m lang. Der Winkel zwischen Boden und Leiter beträgt 75°.
   Bis zu welcher Höhe reicht die Leiter?
b) Der Fernsehturm in Berlin ist rund 370 m hoch. Berechne, in welcher Entfernung vom Turm dieser unter einem Höhenwinkel von 50° erscheint.
c) Kann man aus einem kreisrunden Tischtuch mit einem Durchmesser von 150 cm ein rechteckiges Tischtuch mit einer Länge von 130 cm und einer Breite von 85 cm herausschneiden? Begründe mithilfe einer Rechnung.
d) Frau Mayer bekam ein Gemälde geschenkt. Sie möchte es im Wohnzimmer an einem Haken befestigen. Das Gemälde hat eine Breite von 1,20 m und eine Höhe von 0,50 m. An den oberen Eckpunkten ist eine 1,40 m lange Schnur angebracht.
   In welcher Höhe muss Frau Mayer den Haken anbringen, damit die Unterkante des Bildes 1,50 m über dem Fußboden ist?

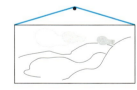

Aufgabe 8

Birgit möchte eine gerade quadratische Pyramide basteln. Sie zeichnet ein Netz dieses Körpers.
Die Seitenlänge a der Grundfläche beträgt 5 cm und die Höhe h_s der Seitenfläche 6 cm.

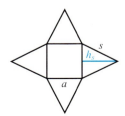 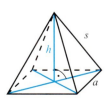

a) Berechne den Flächeninhalt einer Seitenfläche.
b) Bestimme die Länge der Kante s.
c) Welche Höhe h hat die fertig gebastelte Pyramide?

Aufgabe 9

In einem Freizeitpark soll ein Fahnenmast mit einer Gesamthöhe von 33 m durch vier Seile stabilisiert werden.
Die Seile werden am Boden 10 m vom Mast entfernt verankert und bei $\frac{2}{3}$ seiner Höhe festgespannt.

a) Bestimme die Länge jedes Seils und die Gesamtlänge der Seile.
b) Wie viel Meter Seil müssen gekauft werden, wenn für die Befestigungen 5 % der Länge zusätzlich benötigt werden?
c) Die Fläche zwischen den Verankerungen soll begrünt werden.
Für wie viel Quadratmeter muss mindestens Grassamen gekauft werden, wenn die Fußanker der Abspannseile die Ecken eines Quadrates sind?

Aufgabe 10

Bei der Planung einer Wanderroute wird diskutiert, welcher von zwei Wegen von der Jugendherberge zur Gaststätte entlang des Sees kürzer ist. In der abgebildeten nicht maßstabsgetreuen Zeichnung wurden die wesentlichen Angaben eingetragen. Zur Vereinfachung wurde angenommen, dass alle Wege geradlinig sind und die Punkte A, E und C auf einer Geraden liegen.

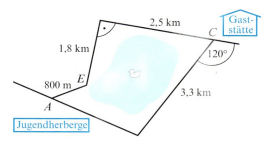

a) Berechne die Weglängen und gib diese mit sinnvoller Genauigkeit an. Welcher Weg ist kürzer?
b) Die Durchschnittsgeschwindigkeit beim Wandern beträgt rund $4 \frac{\text{km}}{\text{h}}$.
Wie lange würde eine Wanderung einmal um den See etwa dauern?

Aufgabe 11

Burkhard hat bei ornithologischen Beobachtungen (Ornithologie [griechisch] ≙ Vogelkunde) eine Nisthöhle in einem Baumstamm entdeckt. Zur Bestimmung der Höhe der Nisthöhle darf er sich dem Baum nicht zu weit nähern, da die Vögel in der Brutphase sind.
Er bestimmt deshalb den Höhenwinkel $\alpha = 15°$, nähert sich dem Baum um $x = 10$ m und ermittelt den neuen Höhenwinkel $\beta = 25°$. Seine Skizze verdeutlicht dies.

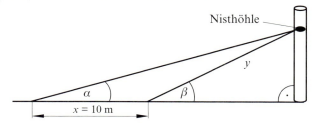

a) Berechne die Höhe der Nisthöhle über dem Erdboden. Bestimme dazu zunächst die Länge der Strecke y.
b) Wie weit war Burkhard bei seiner ersten Messung vom Baumstamm entfernt?

Aufgabe 12

Familie Müller-Heinrich beabsichtigt das skizzierte Grundstück zu erwerben.

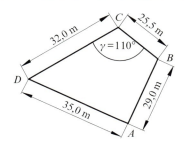

a) Bestimme den Flächeninhalt des Grundstücks.
b) Welcher Kaufpreis ist zu entrichten, wenn das unerschlossene Quadratmeter Bauland in dieser Gegend für 65 € verkauft wird?

28 Geometrie in der Ebene – Vielfältige Aufgaben

Vermessungen und Berechnungen an geometrischen Figuren (Dreiecken, Vierecken, …) hatten schon im Altertum eine große Bedeutung. Diese ergaben sich aus praktischen Bedürfnissen zum Beispiel bei Feldvermessungen oder bei der Errichtung von Bauwerken. Überall im täglichen Leben gibt es Objekte, die näherungsweise ebene geometrische Figuren sind.

Teste deine Grundfertigkeiten

1. Gegeben ist das Rechteck $MNOP$.
   a) Bestimme dessen Flächeninhalt A.
   b) Bestimme dessen Umfang u.

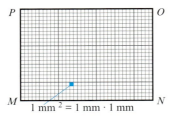

   a)
   | A | $A = 875$ mm^2 | B | $A = 8{,}75$ cm^2 |
   | C | $A = 8{,}75 \cdot 10^{-3}$ dm^2 | D | $A = 8{,}75 \cdot 10^{-4}$ m^2 |

   b)
   | A | $u = 120$ mm | B | $u = 12$ cm |
   | C | $u = 1{,}2$ m | D | $u = 0{,}00012$ km |

2. Berechne den Flächeninhalt A eines Kreisringes mit den Radien $r_1 = 2{,}5$ cm und $r_2 = 1{,}3$ cm.
   Du kannst dazu die Formel aus dem Tafelwerk nutzen.

   | A | $A \approx 3{,}77$ cm^2 | B | $A = 4{,}56 \cdot \pi$ cm^2 |
   | C | $A \approx 14{,}33$ cm^2 | D | $A \approx 9{,}68$ cm^2 |

3. Berechne die blau markierten Winkel.

   a) 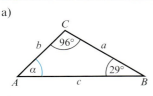   b)

   a)
   | A | $\alpha = 151°$ | B | $\alpha = 29°$ |
   | C | $\alpha = 180° - 96° - 29°$ | D | $\alpha = 55°$ |

   b)
   | A | $\alpha = 45°$ | B | $\alpha = 60°$ |
   | C | $\alpha = 180° : 3$ | D | $\alpha = 90°$ |

4. Berechne die Größe des Winkels β.

   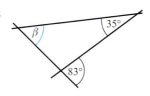

   | A | $\beta = 35°$ | B | $\beta = 55°$ |
   | C | $\beta = 83°$ | D | $\beta = 48°$ |

5. Berechne die Größe des Winkels α.

   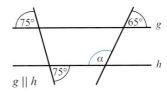

   | A | $\alpha = 65°$ | B | $\alpha = 75°$ |
   | C | $\alpha = 115°$ | D | $\alpha = 135°$ |

6. Auf dem Kreis mit dem Mittelpunkt M liegen die vier Eckpunkte des Drachenvierecks $ABCD$. Wie groß ist der Innenwinkel δ?

   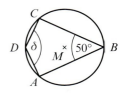

   | A | $\delta = 100°$ | B | $\delta = 120°$ |
   | C | $\delta = 130°$ | D | δ ist nicht bestimmbar. |

7. Berechne die Länge der Strecke $\overline{CD}$, wenn $\overline{ZA} = 4{,}2$ cm, $\overline{ZC} = 3{,}5$ cm, $\overline{ZB} = 7{,}8$ cm gilt.

   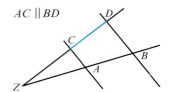

   | A | $\overline{CD} = 3{,}2$ cm | B | $\overline{CD} = 3{,}6$ cm |
   | C | $\overline{CD} = 3{,}0$ cm | D | $\overline{CD} = 3{,}4$ cm |

8. Welche der folgenden Eigenschaften treffen auf Dreieck ZAC und Dreieck ZBD aus Aufgabe 7 zu?

   | A | Sie sind kongruent. | B | Sie sind ähnlich. |
   | C | Sie sind flächengleich. | D | Sie sind gleichseitig. |

9. Welche der Figuren sind (immer) Parallelogramme?

   | A | Quadrate | B | Drachenvierecke |
   | C | Rhomben | D | Trapeze |

10. Die Länge der Originalstrecke beträgt 8 km. Die Länge der Bildstrecke beträgt 4 cm. Gib den Maßstab an.

    | A | 1 : 200 000 | B | 200 000 : 1 |
    | C | 800 000 : 2 | D | 8 : 400 000 |

---

8 bis 10 Aufgaben sind richtig. Deine Grundfertigkeiten sind gut.
6 bis 7 Aufgaben sind richtig. Deine Grundfertigkeiten sind befriedigend.
Weniger als 6 Aufgaben sind richtig. Deine Grundfertigkeiten sind noch nicht ausreichend.

Literaturhinweis: Mathematik in Übersichten S. 101 ff. und S. 141 ff.

Trainiere an komplexeren Aufgaben

Aufgabe 1

Von einem rechteckigen Sportplatz $ABCD$ sind die Diagonale $\overline{AC} = 125$ m und die Seite $\overline{BC} = 75$ m bekannt.

a) Zeichne zuerst eine Skizze und konstruiere danach das Rechteck $ABCD$ im Maßstab 1 : 1000 aus den gegebenen Werten.
b) Berechne die Länge der Rechteckseite $\overline{AB}$.
c) Der rechteckige Sportplatz soll mit einem hohen Zaun eingezäunt werden. Alle 5 Meter werden dafür Zaunpfeiler benötigt. Wie viele Zaunpfeiler sind zu setzen?
d) Gib den Flächeninhalt des rechteckigen Sportplatzes in Hektar an.
e) Ein anderer Sportplatz hat den gleichen Flächeninhalt, ist jedoch quadratisch.
Welche Seitenlänge hat er?

Aufgabe 2

Ein Terrassenzimmer mit Kamin soll mit Marmorfliesen ausgelegt werden.
Die Fliesen sind quadratisch mit einer Seitenlänge von 35 cm. Ein Quadratmeter Marmorfliesen kostet 36,50 €.

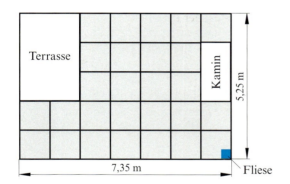

a) Bestimme mithilfe der kongruenten Quadrate in der Skizze die Größen der Flächen, die die Terrasse und der Kamin einnehmen.
b) Berechne den Flächeninhalt des farbig dargestellten Anteils des Zimmers, der mit Fliesen ausgelegt werden soll.
c) Wie viele Fliesen benötigt der Eigentümer für dieses Vorhaben mindestens?
d) Mit welchen Kosten für die Marmorfliesen muss mindestens gerechnet werden?

Aufgabe 3

Das Viereck $ABCD$ ist ein Parallelogramm.

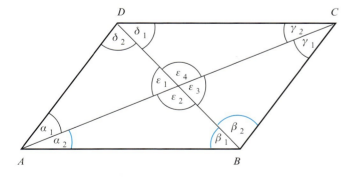

a) Gib alle Winkelpaare an, die Scheitelwinkel, Nebenwinkel oder Wechselwinkel sind.
b) Welche Winkel sind gleich groß?
c) Welche Winkel eines Paares ergeben zusammen 180°?
d) Es sei $\alpha_2 = 20°$, $\beta_1 = 50°$ und $\beta_2 = 80°$.
Berechne alle anderen Winkelgrößen.
e) Die Diagonalen des Parallelogramms schneiden einander im Punkt M.
Begründe, warum Dreieck AMD kongruent zum Dreieck BCM ist.

Aufgabe 4

Das Parallelogramm $ABCD$ ist durch den Innenwinkel $\alpha = 62°$ sowie die Seiten $a = 6{,}4$ cm und $b = 4{,}2$ cm gegeben.

a) Konstruiere das Parallelogramm $ABCD$ aus den gegebenen Stücken.
b) Berechne den Flächeninhalt A des Parallelogramms und gib ihn in Quadratdezimeter an.
c) Berechne den Umfang u und gib ihn in Dezimeter an.
d) Berechne die Längen der Diagonalen.

Aufgabe 5

Das Viereck $ABCD$ ist ein gleichschenkliges Trapez, dessen Eckpunkte auf einem Kreis mit dem Durchmesser $\overline{AB}$ liegen. Es seien $\overline{AB} = 9$ cm und $\alpha = 30°$.

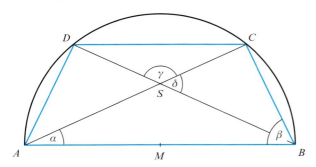

a) Bestimme mithilfe von Rechnungen die Größe der Winkel β, γ und δ.
b) Bestimme die Länge der Strecke $\overline{CD}$.
c) Berechne den Umfang u und den Flächeninhalt A des Trapezes.
d) Zerlegen die Diagonalen das Trapez in ähnliche Dreiecke? Begründe deine Antwort.
e) Konstruiere das Trapez $ABCD$.

Aufgabe 6

Die folgenden Figuren entstanden aus Quadraten mit der Seitenlänge a und Kreisen, dessen Durchmesser d so lang wie a ist.

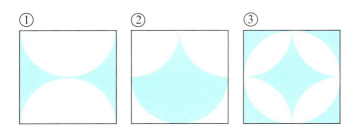

a) Zeichne die Figuren.
b) Berechne den Flächeninhalt des blauen Anteils in jeder Figur, wenn der Durchmesser $d = 5$ cm und die Seitenlänge $a = 5$ cm betragen.
c) Berechne die Umfänge der blauen Flächen in Bild ① und ②, wenn $d = 5$ cm und $a = 5$ cm.
d) Wie viel Prozent vom Flächeninhalt des jeweiligen Quadrates sind blau gefärbt?

Aufgabe 7

In einem rechtwinkligen Koordinatensystem ist das Viereck $ABCD$ und die Strecke $\overline{EF}$ gegeben.
Das Viereck hat die Eckpunkte $A(-4\,|\,1)$, $B(-2\,|\,1)$, $C(-1,5\,|\,3)$ und $D(-3,5\,|\,4)$.
Die Strecke $\overline{EF}$ wird durch die Punkte $E(1\,|\,1)$ und $F(1\,|\,4)$ festgelegt.

a) Zeichne das Viereck $ABCD$ und die Strecke $\overline{EF}$ in ein Koordinatensystem.
b) Berechne den Umfang des Vierecks $ABCD$.
c) Berechne den Flächeninhalt des Vierecks $ABCD$.
d) Bestimme die Koordinaten des Viereckes $A'B'C'D'$, das bei der Spiegelung vom Viereck $ABCD$ an der Geraden durch E und F entsteht.

Aufgabe 8

Um die Breite eines Flusses zu bestimmen, wurde im Gelände die abgebildete Figur $ABEF$ abgesteckt und der Punkt C angepeilt.
Die bekannten Streckenlängen sind: $\overline{AF} = 55$ m; $\overline{BE} = 30$ m; $\overline{FE} = 45$ m; $\overline{DE} = 15$ m.

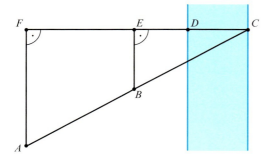

a) Ermittle die Flussbreite zeichnerisch. Verwende dazu einen geeigneten Maßstab.
b) Berechne die Breite des Flusses unter Verwendung der gegebenen Streckenlängen.

Aufgabe 9

Einem Quadrat mit der Seitenlänge $a = 10$ cm sind ein Kreis und ein gleichschenkliges Dreieck einbeschrieben.
Der Kreis berührt alle Seiten des Quadrates.
Die Basis des gleichschenkligen Dreiecks ist eine Seite des Quadrates und der Schnittpunkt der Schenkel liegt auf der gegenüberliegenden Seite des Quadrates.

a) Gib jeweils einen Term zur Berechnung des Flächeninhalts des Quadrates A_Q, des Kreises A_K und des Dreiecks A_D in Abhängigkeit von a an.
   Berechne die Flächeninhalte.
b) Jens behauptet, für die Flächeninhalte gilt:
   $A_Q : A_K = 4 : \pi$ und $A_K : A_D = \pi : 2$. Hat Jens recht?
   Begründe mithilfe entsprechender Termumformungen.
c) Gib jeweils einen Term zur Berechnung des Umfangs des Quadrates u_Q, des Kreises u_K und des Dreiecks u_D in Abhängigkeit von a an und berechne diesen.
   Welches Verhältnis gilt jeweils für $u_Q : u_K$ und $u_K : u_D$?

Aufgabe 10

Firma Schuster soll ein Fliesenmuster aus gleichseitigen Dreiecken und regelmäßigen Sechsecken legen.
Zur Veranschaulichung für den Kunden wurde das abgebildete gleichseitige Dreieck als Muster mit einer Seitenlänge von 14 cm angefertigt.

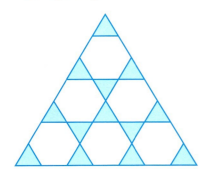

a) Berechne die Summe der Flächeninhalte aller abgebildeten blauen Teildreiecke im Muster.
b) Berechne die Summe der Flächeninhalte aller weißen Sechsecke im Muster.
c) Die Detailansicht ist im Original ein Quadratmeter groß.
   In welchem Maßstab wurde die Detailzeichnung angefertigt, wenn das abgebildete gleichseitige Dreieck eine Seitenlänge von 14 cm hat?

Aufgabe 11

Sechs zylindrische Rohre mit einem Außendurchmesser von 50 cm werden wie abgebildet übereinander gestapelt.

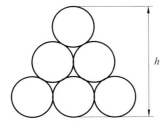

a) Fertige eine maßstäbliche Zeichnung an.
b) Ermittle die Höhe h aus der Zeichnung.
c) Ermittle mithilfe einer Rechnung die Höhe h des Rohrstapels und gib diese in Dezimeter an.
d) Welchen Durchmesser haben die Rohre, wenn die Höhe des Stapels $h = 1{,}23$ m beträgt?

Aufgabe 12

Tischlerei Jenka soll aus einem zylinderförmigen Holzstück mit einem Durchmesser von 60 cm einen quaderförmigen Balken anfertigen. Vier Schnitte sind dazu notwendig.
Der Kunde fordert, dass die Lote von zwei gegenüberliegenden Eckpunkten des rechteckigen Quaderquerschnitts auf eine Diagonale des Rechtecks diese in drei gleichlange Strecken teilen.

a) Fertige eine maßstabsgetreue Zeichnung des Querschnitts des Holzzylinders mit dem beschriebenen Rechteck an.
b) Berechne die Seitenlängen des Rechtecks.
c) Wie viel Prozent des Zylinders werden bei der Anfertigung des Quaders zu Abfall?

32 Geometrie im Raum

Geometrische Körper werden oft zum Beschreiben realer Körper genutzt. Eine Litfaßsäule und ein runder Käse können beispielsweise vereinfacht als Kreiszylinder aufgefasst werden. Bei den Berechnungen des Oberflächeninhalts, des Volumens, … können Formeln angewandt werden. Suche entsprechende Formeln für die folgenden Aufgaben selbstständig im Tafelwerk.

Teste deine Grundfertigkeiten

1. Wie viel Wasser kann man in einen Würfel mit 1 dm Kantenlänge füllen?
   Du kannst zur Beantwortung das Tafelwerk nutzen.

   A $0,1 \text{ dm}^3$ B 1 l
   C $0,01 \text{ hl}$ D 1000 cm^3

2. Ein neues Aquarium aus dünnem Spezialglas hat eine Länge a von 60 cm, eine Breite b von 5 dm und eine Höhe h von 300 mm.
   Dieses wird zunächst nur zu zwei Dritteln mit Wasser gefüllt.
   Wie viel Wasser enthält dieses Aquarium danach?

   A $V_W \approx 90\,000 \text{ cm}^3$ B $V_W \approx 9 \cdot 10^4 \text{ ml}$
   C $V_W \approx 60 \text{ ml}$ D $V_W \approx 60\,000 \text{ cm}^3$

3. Berechne das Volumen V eines geraden Kreiskegels mit der Höhe $h = 4$ cm und dem Radius $r = 3$ cm.
   Nutze die Formel aus dem Tafelwerk.

   A $V \approx 37,70 \text{ cm}^3$ B $V \approx 113,10 \text{ cm}^3$
   C $V \approx 0,04 \text{ cm}^3$ D $V \approx 1,13 \text{ cm}^3$

4. Berechne das Volumen V eines Kreiskegelstumpfes mit den Radien $r_1 = 3$ cm und $r_2 = 2$ cm.
   Die Höhe h beträgt 34 mm.

   A $V \approx 202,95 \text{ cm}^3$ B $V \approx 21,25 \text{ cm}^3$
   C $V \approx 65,34 \text{ cm}^3$ D $V \approx 67,65 \text{ cm}^3$

5. Gold hat eine Dichte von $19,3 \frac{g}{cm^3}$.
   Welche der kreisrunden Münzen mit den folgenden Massen m sowie einem Durchmesser von 2,4 cm und einer Dicke von 2 mm könnten aus Gold bestehen.

   A $m \approx 0,17 \text{ kg}$ B $m \approx 17\,462 \text{ mg}$
   C $m \approx 1,75 \text{ g}$ D $m \approx 17,5 \text{ g}$

6. Berechne den Flächeninhalt A_M des Mantels eines geraden Kreiszylinders mit dem Radius r von 2 cm und der Höhe h von 8 cm.

   A $A_M \approx 32,00 \text{ cm}^2$ B $A_M \approx 100,53 \text{ cm}^2$
   C $A_M \approx 45,36 \text{ cm}^2$ D $A_M \approx 120,78 \text{ cm}^2$

7. Bestimme den Oberflächeninhalt A_O einer geraden Pyramide mit Seitenkanten von 5 cm, deren Grundfläche ein Quadrat mit 6 cm Seitenlänge ist.

   A $A_O = 48 \text{ cm}^3$ B $A_O = 36 \text{ cm}^2 + 4 \cdot 12 \text{ cm}^2$
   C $A_O = 84 \text{ cm}^2$ D $A_O = 48 \text{ cm}^2$

8. Ein gerader quadratischer Pyramidenstumpf ist 4,5 cm hoch. Grund- und Deckfläche sind Quadrate mit den Seitenlängen 6,2 cm bzw. 3,4 cm.
   Berechne das Volumen V des Pyramidenstumpfes.

   A $V = 106,62 \text{ cm}^3$ B $V \approx 140\,540 \text{ mm}^3$
   C $V \approx 0,90 \text{ dm}^3$ D $V \approx 157,24 \text{ cm}^3$

9. Bestimme die Länge der Raumdiagonalen e eines Quaders mit den Kantenlängen: 3 cm, 4 cm und 5 cm.

   A $e \approx 7,07 \text{ cm}$ B $e \approx 70,71 \text{ mm}$
   C $e \approx 44,00 \text{ cm}$ D $e \approx 44,00 \text{ mm}$

10. Mit welcher Zahl muss man das Volumen einer Kugel multiplizieren, um das Volumen einer Kugel mit doppeltem Radius zu erhalten.

    A 2   B 4
    C 6   D 8

11. Welche Körpernetze der folgenden Körper setzen sich (immer) aus genau sechs Flächen zusammen?

    A Quader   B Pyramidenstümpfe
    C Prismen   D fünfseitige Pyramiden

12. Bei einem Zweitafelbild wird ein Körper von vorn und von oben gezeichnet.
    Welche der folgenden Körper könnten zum gegebenen Zweitafelbild gehören?

    A Kreiskegel
    B gerades Prisma
    C gerade Pyramide
    D Quader

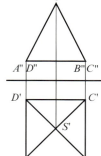

---

10 bis 12 Aufgaben sind richtig. Deine Grundfertigkeiten sind gut.
7 bis 9 Aufgaben sind richtig. Deine Grundfertigkeiten sind befriedigend.
Weniger als 7 Aufgaben sind richtig. Deine Grundfertigkeiten sind noch nicht ausreichend.

Literaturhinweis: Mathematik in Übersichten S. 169 ff.

Trainiere an komplexeren Aufgaben

Aufgabe 1

Löse folgende Aufgaben.

a) Ein gerades Prisma hat als Grundfläche ein rechtwinkliges Dreieck mit den Katheten $a = 60$ mm und $b = 80$ mm. Die Höhe h des Prismas beträgt 100 mm. Berechne das Volumen V.

b) Ein gerader Kreiszylinder ist 27 cm hoch. Die Grundfläche hat einen Durchmesser von 12 cm. Berechne das Volumen V und den Oberflächeninhalt A_O des Körpers.

c) Eine oben offene zylindrische Regentonne aus grünem Plastik fasst insgesamt 400 Liter Wasser. Sie hat einen Durchmesser von 80 cm.
Wie hoch ist die Tonne.

d) Eine Schokoladenkugel hat einen Innendurchmesser von 25 mm. Sie ist zur Hälfte mit Marzipan gefüllt. Welches Volumen nimmt die Marzipanfüllung ein?

Aufgabe 2

Gegeben sind Skizzen zusammengesetzter gerader Körper mit entsprechenden Maßangaben.
Die parallelen Flächen beim Körper (1) sind Quadrate. Die parallelen Flächen beim Körper (2) sind Kreise.

(1)   (2)

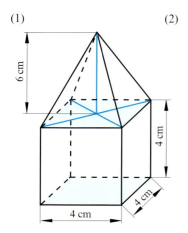
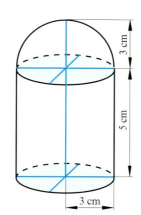

a) Aus welchen Grundkörpern bestehen sie?
b) Berechne das Volumen der zusammengesetzten Körper. Bestimme zuerst die Volumen der Grundkörper.
c) Berechne den Oberflächeninhalt der zusammengesetzten Körper. Bestimme dazu zuerst die Flächeninhalte aller Begrenzungsflächen.

Aufgabe 3

Es stehen die beiden abgebildeten etwa gleich groß erscheinenden Keksverpackungen im Regal.
Beide sind gerade und insgesamt 19 cm hoch. Eine Dose hat eine rechteckige Grundfläche mit Seitenlängen von 10 cm und 8 cm. Die andere hat eine kreisförmige Grundfläche mit einem Durchmesser von 10 cm.
Die beiden aufgesetzten „Deckel" sind jeweils 7 cm hoch.

(1)   (2)

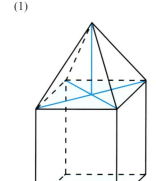
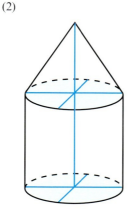

a) Berechne das Volumen der beiden Verpackungen. Um wie viel Prozent ist das Volumen einer Verpackung größer als das der anderen?
b) Welche Kantenlänge müsste jeweils eine würfelförmige Verpackung mit gleich großem Volumen haben?
c) Wie viel kostet die Außenlackierung von je 50 Verpackungen, wenn 1,20 € pro Quadratmeter zu zahlen sind? Die Grundflächen werden nicht lackiert.

34 Geometrie im Raum

Aufgabe 4

Das Netz einer Pyramide ist im Koordinatensystem maßstabsgetreu dargestellt.
Die Seitenlänge des blauen Quadrates entspricht einer Längeneinheit.

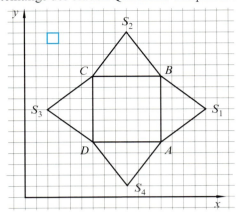

a) Gib mindestens zwei Eigenschaften der Pyramide an, die man anhand der Zeichnung erkennen kann.
b) Zeichne die Pyramide maßstabsgerecht in Kavalierperspektive (Schrägbild mit $\alpha = 45°$ und $q = \frac{1}{2}$).
   Bezeichne die Eckpunkte.
c) Gib das Volumen der Pyramide in Volumeneinheiten an.
d) Gib den Oberflächeninhalt der Pyramide in Flächeneinheiten an.

Aufgabe 5

Eine Kerze hat die Form eines geraden Kreiszylinders mit einer Höhe von 23 cm und einem Durchmesser von 3 cm. Es wird davon ausgegangen, dass beim Abbrennen stets ein gerader Kreiszylinder entsteht und dass die Brenndauer proportional zur verbrannten Wachsmasse ist.
Nachdem die Kerze sieben Stunden gebrannt hat, ist sie nur noch halb so hoch wie am Anfang.

a) Berechne das Volumen des Wachses, das zur Herstellung der Kerze benötigt wird.
b) Wie viel Kubikzentimeter Wachs sind in sieben Stunden verbrannt?
c) Wie lange kann die Kerze noch brennen, wenn sie bis auf $\frac{1}{3}$ der ursprünglichen Höhe abgebrannt ist?

Aufgabe 6

Ein Blumenkübel aus Beton hat die Form eines geraden Kreiszylinders mit einem Außenradius von 30 cm und einer Höhe von 60 cm. Der für das Einbringen der Blumenerde vorgesehene Innenraum ist auch ein gerader Kreiszylinder. Die Wandstärke von Boden und Seitenwand beträgt 5 cm.

a) Mit wie viel Kubikmeter Erde ist der Blumenkübel vollständig ausgefüllt?
b) Berechne die Masse des leeren Kübels, wenn der verwendete Beton eine Dichte von $2,3\,\frac{g}{cm^3}$ hat.
c) Damit der Betonkübel wasserdicht ist, soll er innen mit einer Schutzschicht überzogen werden. Für wie viel Quadratmeter muss diese Schutzschicht reichen, damit 12 Blumenkübel wasserdicht gemacht werden können?

Aufgabe 7

In der Skizze ist ein Gewächshaus mit Pultdach in Kavalierperspektive (Schrägbild mit $\alpha = 45°$ und $q = \frac{1}{2}$) dargestellt.

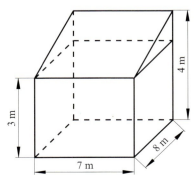

a) Fertige von diesem Haus eine Zeichnung in Kavalierperspektive im Maßstab 1 : 100 an.
b) Berechne, unter welchem Winkel die Dachfläche gegenüber der Grundfläche geneigt ist.
c) Für einen Quadratmeter Dachfläche benötigt man 46 Glasziegel, jeder kostet 1,20 €. Wie viele Glasziegel sind zu bestellen, wenn 5 % mehr als die eigentlich benötigte Anzahl angefordert werden?
d) Mit welchen Kosten muss der Bauherr für den Einkauf der Glasziegel rechnen?

Aufgabe 8

Der abgebildete Obelisk setzt sich aus einem geraden quadratischen Pyramidenstumpf, einem Würfel und einer geraden quadratischen Pyramide zusammen. Er soll aus Beton hergestellt werden.

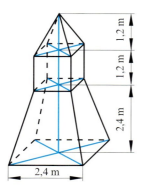

a) Wie viel Kubikmeter Beton müssen mindestens für die Anfertigung des Obelisken bereitgestellt werden?
b) Wie viele Tonnen sollte ein Tieflader mindestens befördern dürfen, um den fertigen Obelisken sicher zu seinem Aufstellungsort bringen zu können?
Die Dichte des verwandten Betons beträgt $2{,}3 \frac{g}{cm^3}$.
c) Der Obelisk soll außen an den später sichtbaren Flächen mit einem Sprayschutzmittel überzogen werden. Für wie viel Quadratmeter muss Schutzmittel bestellt werden?

Aufgabe 9

Ein gerades vierseitiges Prisma wurde durchbohrt.
Die Grundfläche des Prismas ist ein gleichschenkliges Trapez, deren parallele Seiten 3 cm und 5 cm lang sind.
Das Trapez ist 3 cm hoch. Der Körper hat eine Höhe von 8 cm.
Die Bohrung hat einen Radius von 6 mm. Der Bohrer wurde im Schnittpunkt der Diagonalen angesetzt.

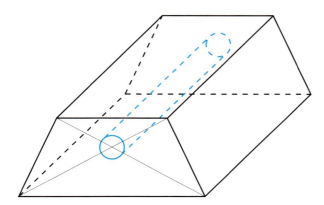

a) Berechne die Länge der Schenkel des Trapezes.
b) Bestimme jeweils die Abstände zwischen dem Rand des Bohrlochs und der nächstliegenden Ecke des Prismas.
c) Berechne den Oberflächeninhalt des Körpers. Berücksichtige dabei auch die Innenfläche der Bohrung.
d) Welche Masse ein derartiger Körper aus Stahl? Stahl hat eine Dichte von 7,8 g pro cm³.

Aufgabe 10

Die Kantenlänge a des Würfels beträgt 6 cm. Wird der Würfel wie abgebildet durch die Kantenmittelpunkte K, L, M, N, O, und P zerschnitten, so entsteht als Schnittfläche das blau eingezeichnete regelmäßige Sechseck.

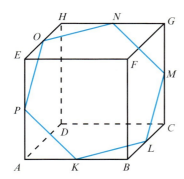

a) Gib das Volumen der beiden Teilkörper an.
b) Berechne den Flächeninhalt des Sechsecks KLMNOP.
c) Berechne den Oberflächeninhalt von einem der beiden entstandenen Teilkörper.

36 Umgang mit graphischen Darstellungen

Zur Veranschaulichung von Sachverhalten werden, beispielsweise in Zeitungen, grafische Darstellungen verwendet. Oft können den Grafiken zusätzliche Informationen entnommen werden, die z. B. nicht im Begleittext stehen. Um Fragen zu den Sachverhalten vollständig beantworten zu können, muss man mit den Darstellungen umgehen können.

Teste deine Grundfertigkeiten

1. In einer Schule wurden 144 Schülerinnen und Schüler befragt, wie sie morgens zur Schule gelangen.

Beförderungsmittel	Bus/Bahn	Fahrrad/Moped	Zu Fuß
Absolute Häufigkeit	36	18	90

a) Welche Diagramme könnten bei entsprechender Beschriftung diesen Sachverhalt darstellen?

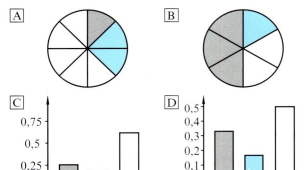

b) Wie viel Prozent der Schülerinnen und Schüler kommen nicht zu Fuß zur Schule?

A 62,5 % B 12,5 %
C 25 %   D 37,5 %

2. In einem Sportverein ist jedes der 240 Mitglieder wie folgt genau einer Sektion zugeordnet worden.

Fußball	Hockey	Turnen	Schwimmen	Handball

a) Wie viele gehören zur Sektion Fußball?

A 120 B 84
C 67   D 56

b) Wie viele gehören zu den Feldspielarten?

A 48   B 120
C 144 D 108

c) Wie viele Kinder und Jugendliche sind Schwimmer, wenn es 30 erwachsene Schwimmer gibt?

A 60 B 50
C 40 D 30

3. In einem Buch siehst du das abgebildete Klimadiagramm von Berlin.

Welche der folgenden Aussagen können mithilfe der vorhandenen Angaben gemacht werden?

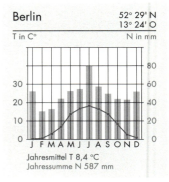

A Im Juli fällt durchschnittlich der meiste Niederschlag in Berlin.
B Im Dezember fällt durchschnittlich die drittgrößte monatliche Niederschlagsmenge eines Jahres.
C In Berlin beträgt die durchschnittliche Niederschlagsmenge pro Monat rund 41 mm.
D In 7 Monaten eines Kalenderjahres liegt die Durchschnittstemperatur in Berlin über 5°C.

4. Von welchen der vier skizzierten Hundehütten könnte die nebenstehende Abbildung eine Draufsicht sein?

A   B

C   D

5. Wie viel Quadratmeter Auslegeware sind für das skizzierte Zimmers mindestens zu kaufen, wenn man von Rollen mit 3 m, 4 m und 5 m Breite abschneiden lassen kann und keine Stücken aneinander gelegt werden?

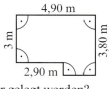

A 19 m²   B 19,6 m²
C 14,7 m²   D 16,3 m²

---

4 bis 5 Aufgaben sind richtig. Deine Grundfertigkeiten sind gut.
2 bis 3 Aufgaben sind richtig. Deine Grundfertigkeiten sind befriedigend.
Weniger als 2 Aufgaben sind richtig. Deine Grundfertigkeiten sind noch nicht ausreichend.

Literaturhinweis: „Mathematik in Übersichten" enthält Informationen zu in diesem Schwerpunkt. Ein derartiges Kapitel existiert nicht.

Trainiere an komplexeren Aufgaben

Aufgabe 1

Bei einer Internetumfrage zum Thema „Handy" wurden insgesamt 12 000 Personen, die in Berlin wohnen, zuerst gefragt, ob sie anonym einige Fragen beantworten würden.
Danach wurde gefragt, ob sie ein Handy besitzen, sie damit zufrieden sind, …
Man kann an der Grafik erkennen, dass bereits mit der Auswertung begonnen wurde.

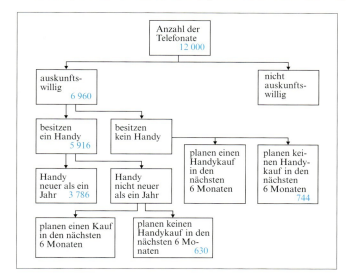

a) Zwischen welchen Hauptgruppen wird zuerst unterschieden?
b) Wie viele der befragten Personen wollen sich in den nächsten 6 Monaten ein neues Handy kaufen?
c) Eine Handybesitzerin aus Berlin gab an, dass sie mit ihrem drei Jahre alten Handy völlig zufrieden ist.
Wie hat sich ihre Antwort bei der Auswertung auf die Werte zu den einzelnen Gruppen ausgewirkt?
d) Wie viel Prozent der auskunftswilligen Befragten, die kein Handy besitzen, planen keine Neuanschaffung eines Handys?
e) Gilt der bei Teilaufgabe d) zu bestimmende Prozentsatz für auskunftswillige Befragte, die kein Handy besitzen und keine Neuanschaffung eines Handy planen, vermutlich auch für Brandenburger?
Begründe deine Entscheidung.

Aufgabe 2

In den fünf Koordinatensystemen ist dargestellt, wie sich jeweils die Füllhöhe h von vier der fünf gegebenen Gefäße bei gleichmäßigem Eingießen und fortlaufender Zeit t verändert.

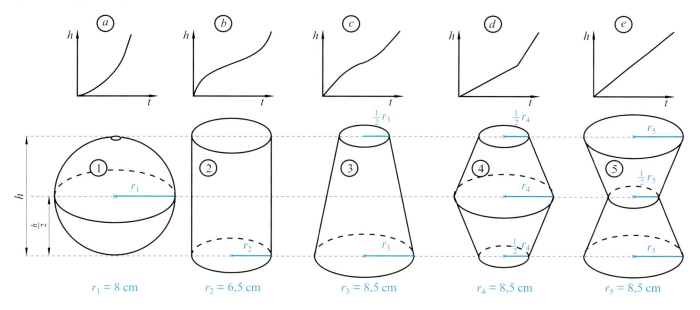

a) Ordne vier der Koordinatensysteme jeweils das zugehörige Gefäß zu.
Zeichne ein Koordinatensystem und skizziere darin den Verlauf des entsprechenden Graphen für das übrig bleibende Gefäß.

b) Wie hoch sind die fünf Gefäße?
c) Nach welcher Zeit sind sie jeweils gefüllt, wenn pro Sekunde 100 ml Wasser eingegossen werden?

38 Umgang mit graphischen Darstellungen

Aufgabe 3

Die dargestellten Daten wurden vom Statischen Landesamt Berlin unter www.statistik-berlin.de veröffentlicht. Beantworte mit Hilfe der folgenden Diagramme die unten stehenden Fragen.

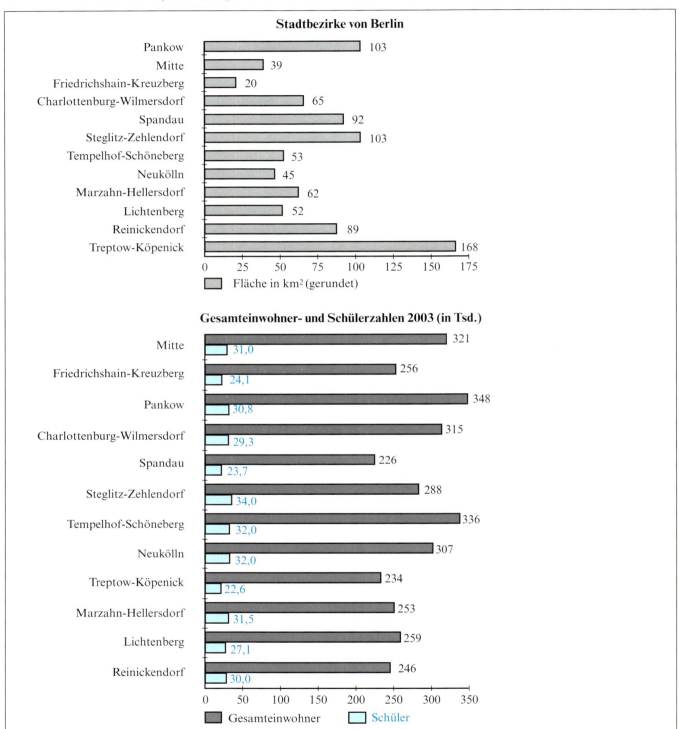

a) Welcher Berliner Stadtbezirk hat bezogen auf seine Fläche die meisten und welcher die wenigsten Schülerinnen und Schüler?

b) Welcher Berliner Stadtbezirk hat bezogen auf seine Einwohnerzahl die meisten bzw. die wenigsten Schülerinnen und Schüler?

c) Gib den Anteil der Einwohner von Berlin, die 2003 Schülerinnen bzw. Schüler waren, an.

d) Um wie viel Prozent war 2003 die Schüleranzahl von Neukölln höher als die von Spandau?

Mit den Aufgabenbeispielen zu Vergleichsarbeiten am Ende der Jahrgangsstufe 10 bzw. Prüfungen, die im Internet unter www.lisum.de zu finden sind – wenn bei „Suchen und Finden" das Wort „Mathematik" eingegeben wurde – kann weiter trainiert werden.
So ist auch eine realitätsnahe mentale Vorbereitung auf die neuartigen Anforderungen der Prüfungssituation möglich.
Die aktuellen allgemeinen Hinweise zur Durchführung der Leistungsüberprüfung im jeweiligen Schuljahr werden über diese Internetseite vermutlich auch zu finden sein.

Einige Schülerinnen und Schüler konnten bei den Leistungsprüfungen bessere Noten ohne beachtlichen zusätzlichen Aufwand erreichen, weil sie in den entsprechenden Situationen die folgenden Strategien angewendet haben.
Probiere aus, ob sie auch für dich geeignet sind.

- Wie verschafft man sich einen Überblick über alle Aufgaben?
  Mit welcher Aufgabe sollte man beginnen?

  Lies dir alle Aufgaben erst einmal durch.
  Beginne stets mit den Aufgaben, die du relativ sicher bewältigen kannst.
  Beachte dabei die erreichbaren Punktzahlen.
  Berücksichtige bei der Entscheidung auch deine Notizen im Trainingsplan.

- Hilfe ich komme nicht weiter.
  Soll ich eine andere Aufgabe nehmen?

  Wenn du bei einer Aufgabe nicht weiter kommst, dann probiere nicht zu lange daran herum.
  Versuche andere Aufgaben zu lösen. Beschäftige dich erst wieder damit, wenn du die anderen Aufgaben so weit wie möglich gelöst hast.
  Lege ab und zu eine einminütige Pause ein. Gerade bei hoher Anspannung kannst du dich durch eine kurze Pause schnell erholen.

- Welche Wahlaufgabe nimmt man?

  Überlege genau, bei welcher du vermutlich die meisten Punkte erreichen kannst.
  Bearbeite diese Wahlaufgabe.
  Achte unbedingt darauf, was Wahlaufgaben und was Pflichtaufgaben sind.

- Verschenke keine Punkte durch formale Mängel.

  Bei wiederholten Formverstößen oder einer unsachgemäßen Verwendung der Fachsprache können Punkte abgezogen werden.
  Verwende bei Konstruktionen linienfreies (weißes) Papier und beim Zeichnen von Graphen Millimeterpapier.

Schwerpunkte	Datum	Was kann ich gut? …
Prozent- und Zinsrechnung		
Zahlen und Größen		
Terme, Gleichungen und Ungleichungen		
Gleichungssysteme		
Lineare Funktionen und andere Zuordnungen		
Quadratische Gleichungen		
Potenzen, Wurzeln und Potenzfunktionen		
Berechnungen an Dreiecken und Winkelfunktionen		
Geometrie in der Ebene – Vielfältige Aufgaben		
Geometrie im Raum		
Umgang mit graphischen Darstellungen		
Prüfungsaufgaben aus dem Internet		